野菜たっぷり
すり鉢料理

宮本しばに

anonima st.

はじめに

すり鉢があるだけで。たのしい料理、おいしい食卓。

日本の台所道具である「すり鉢」は
ごまあえのような定番料理のほかにも、
和風・洋風・中華の一品やサラダ、デザートなど
さまざまな料理に活用できます。
本書は、すり鉢の可能性を広げる
あたらしい「すり鉢料理」のレシピをまとめた一冊です。
すり鉢の魅力を再発見して
日々の料理にお役立てください。

目次

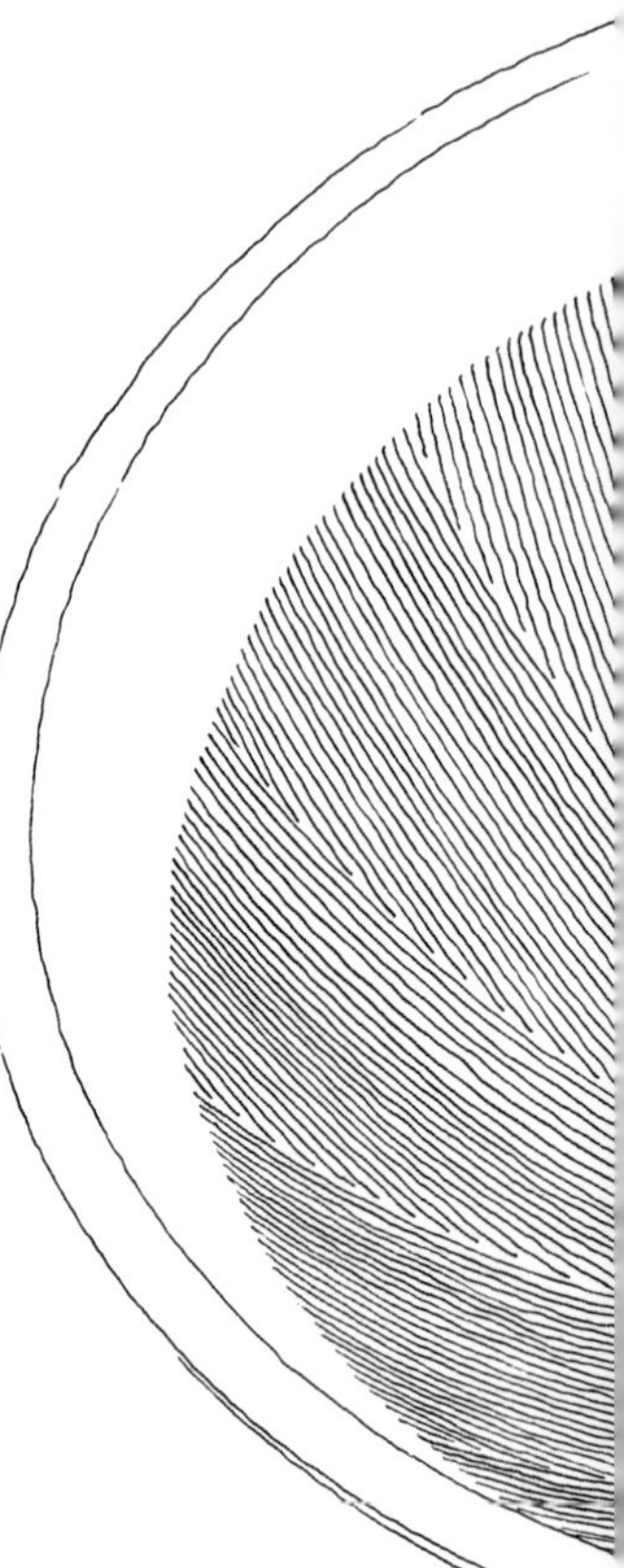

2章 すり鉢で作る　サラダ

3章 すり鉢で作る　ごはん・麺もの

4章 すり鉢で作る　甘いもの

しその葉をすり鉢ですってパスタソースに。
大葉ペーストのパスタ
（→76ページ）

◎すり鉢の仕事

する

すり鉢の仕事といえば「ごまをする」ですが、ごまの代わりにスパイスをすってもいいし、しその葉をすってパスタソースにしても、レモンの皮をすってドレッシングを作るのもいい。「すり鉢＝和のおかず用の道具」という先入観をとり払うと、バラエティ豊かな料理がすり鉢との相性がよいことに気づきます。

なんといっても、すりたての香りは極上。その香りを知ってしまったら、「する」ことも大した手間とは思わなくなります。

ゆでたじゃがいもをすりこぎでつぶし、マヨネーズとあえてサラダに。
いもサラダ（→56ページ）

つぶす

食材を「つぶす」のもすり鉢の得意わざです。

豆腐やゆでた豆、いもなどをつぶして、コロッケのタネを作ったり、ポテトサラダにしたり。アボカドをつぶしてなめらかなディップを作るときなどにも活躍します。

やわらかい食材だけでなく、しょうがやにんにくなどの薬味も、すりこぎで手軽につぶせて便利。ハンドミキサー顔負けの、頼もしい仕事ぶりです。

煎ったナッツとスパイスをすり鉢でたたいて砕き、ふりかけに。
スパイスふりかけ
（→70ページ）

たたく

すりこぎでトントンとたたきながら、食材を好みの大きさに砕くのもお手のものです。

たとえばナッツやホールスパイス（粒状のスパイス）も、すり鉢を使えば、包丁で刻んだりミルで挽いたりしなくても簡単に細かくできて便利です。

目と手で確かめながら、好みの砕き具合にできるのもすり鉢だからこそ。電動の調理器具のように均一の形にはならず、ひとかけらごとに個性のある、自然な形に仕上がるところも魅力です。

すり目に、にんにくをこすりつけて香りづけ。ここにアボカドを加えてつぶし、ディップソースに。
グァカモーレ
（→62ページ）

おろす

すり鉢のすり目は、簡易的なおろし器としても使えます。

すり目の凹凸に、にんにくやしょうがを直接こすりあてて軽くすりおろす。薬味野菜を少量おろして料理に加えたいときや、ほんの少し香りづけをしたいときなどに、わざわざ薬味おろしを使わなくても済みます。

一度にたくさんおろしたいときはおろし器を使うほうがラクですが、長いものようにやわらかい食材なら、すり鉢だけで丸ごとすりおろすこともできます。

すり鉢で作るとろろは、すり目の効果で空気を含み、ふわふわに仕上がります。ぜひ一度ためしてみてください。

にんにくとごまをすったすり鉢で、にんじん、ごま油、塩、こしょうをあえる。
塩ナムル（→23ページ）

あえる

すり鉢には、食材をあえるボウルとしての機能もあります。

ごまをすったすり鉢で野菜をあえてごまあえに、豆腐をつぶしたすり鉢で惣菜をあえて白あえに。昔ながらの日本のおかずである「あえもの」に、すり鉢は欠かせない道具でした。

伝統的な日本のおかずだけでなく、いろいろな「あえる」料理に応用できます。にんにくをおろしたすり鉢でそのまま野菜をあえてナムルに、パスタソースを作ったすり鉢でゆでた麺をあえてパスタに……。

ベースの味を作ったすり鉢でそのままあえるから、まんべんなく味がいきわたりおいしくなる。そのうえ調理もあとかたづけもラクです。

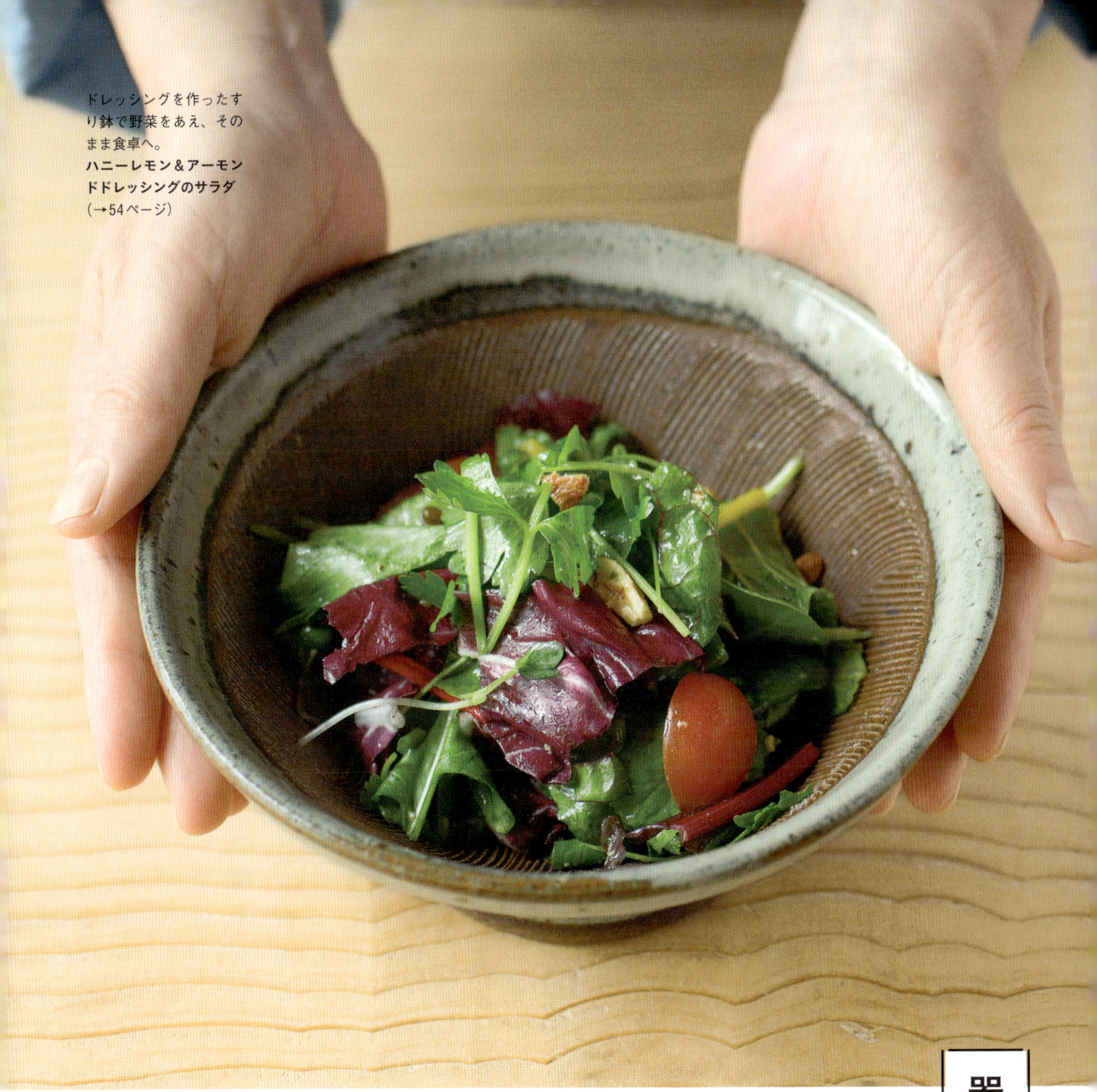

ドレッシングを作ったすり鉢で野菜をあえ、そのまま食卓へ。
ハニーレモン＆アーモンドドレッシングのサラダ
（→54ページ）

器として

する、つぶす、たたく、おろす、あえる。ひとつのすり鉢のなかで、いくつかの工程を経て完成した料理は、すり鉢ごと食卓へ。

すり鉢の形状やすり目の美しさ、つまり「器としての美」とともに、そこにあるのは、調理過程を想わせるような、（ごまをすったあとなどの）手仕事の痕跡。レストランの料理とはまた違う、家庭料理の美しさがそこに凝縮しているような気がします。

小さなすり鉢は小鉢として、大きなすり鉢は深皿として、煮もの、あえもの、サラダを入れたり、ラーメン鉢にしたりなど、いろいろなシーンで使えるたのしさもあります。

もちろん、サーブ用の皿がひとつ減ればあとかたづけがラク。忙しい現代人の、味方でもあるのです。

本書のレシピについて

◎すり鉢のこと

本書では、基本的に6～7寸（直径約18～21㎝）のすり鉢と、長さ20～25㎝・直径3～3.5㎝のすりこぎを使用しています。小さいすり鉢で材料があふれてしまう場合は、調味料だけをすり鉢で混ぜ合わせ、具材をあえる過程は大きいボウルに移して作るといった工夫が必要です。すり鉢に関する詳細は104～105ページも参考にしてください。

◎調味料のこと

【塩】

ほのかな甘みのある天然塩を使用しています。同じ分量でも精製塩だと塩辛さや旨み等、異なる味に仕上がるのでご注意ください。


【しょうゆ】

本醸造のものを使用しています。とくに断りのない場合は濃口しょうゆを使っています。


【味噌】

米味噌を使用しています。味噌によって塩辛さに幅があるので、味をみながら加えてください。


【酢】

米酢を使用しています。


【みりん】

本みりんを使用しています。本書では火を通さずに、サラダのドレッシングなどに使うレシピを紹介していますが、アルコールが気になる場合は煮切ってから使ってください。


【ごま油】

基本的に香りと味が濃いものを使用しています。無味無臭の太白ごま油を使ったほうがよい場合は、そのように表記しています。太白ごま油がなければ、サラダ油で代用してください。


【バター】

有塩バターを使用しています。


【オリーブオイル】

火を通す場合はピュアオイル、生で使うときはエキストラバージンオイルを使っています。


【砂糖】

基本的にさとうきび粗糖を、色をつけたくないデザートなどにはオーガニックシュガー（グラニュータイプ）を使用しています。

◎だしのこと

・植物性の材料からとる「精進だし」を使っています。
・**作り方**　だし昆布（利尻昆布、羅臼昆布などの表面を濡れぶきんでさっと拭き、5㎝角ぐらいにカット）15～20g、干ししいたけ1～2枚、大豆（できれば煎り大豆）20粒、水1ℓを容器に入れて半日以上冷蔵庫に入れておく。鍋に移して塩ひとつまみと日本酒大さじ1を入れ、中火で煮立たせる。沸騰してくるとアクが出るのでとり除く。沸騰したらすぐ火を止め、昆布、干ししいたけ、大豆をとり除き、だし汁を容器に戻して冷蔵庫で保管する。3～4日以内に使い切る。
・使用後の昆布、干ししいたけ、大豆はひたひたのだし汁で昆布がやわらかくなるまで煮て、しょうゆ、みりん、砂糖を1：1：½の分量比で煮つけて常備菜に。
・「精進だし」の煮出しパックも市販されているので、時間がないときは利用してもよいでしょう。

◎野菜・果物のこと

・「皮をむく」という説明がある野菜（にんじん、大根など）は、有機・無農薬の安心できるものなら、皮のまま使ってもよいでしょう。
・レモンなど皮を使うものは、なるべく国産の無農薬のものを使うと安心です。

◎計量のこと

・本書で使用している計量は、1カップ＝200㎖、大さじ1＝15㎖、小さじ1＝5㎖です。
・しょうが／にんにくひとかけは、親指大が目安です。

1章

すり鉢で作る
おかず

あえもの、揚げもの、スパイス料理……
小さなおかずから大きなおかずまで
個性豊かなメニューを
すり鉢ひとつで作ります。

ごまをする

すり鉢ですって作るすりごまは、ごまの繊維が残り、空気を含んでふっくらとした舌触り。すりたての香りも味わえます。まずはすり鉢の定番「ごますり」で市販品との違いを感じてみましょう。

◎すり方

片手ですりこぎの上を軽く押さえ、もう片方の手ですりこぎの先をぐるぐる回すと、軸が安定してすりやすい。

◎ごまを煎《い》る

煎りたてのごまの香りと味は最高です。本書では基本的にすべて「煎りごま」を使用していますが、使う直前にフライパンで軽く煎るだけでも香ばしさがよみがえります。

生のごまは「洗いごま」という名称で市販されています。文字通りごまを洗って乾燥させたもの。余裕があれば、ぜひ下記の方法で本格的に「煎りごま」を手作りする方法もためしてみてください。

フライパンで煎る
フライパンに洗いごまを入れ、弱めの中火にかける。パチパチと音がし始めて、粒がふっくらしてきたら火からおろす。ごま同士が重ならないように、少量ずつ煎るのがコツ。

専用の道具で煎る
焙烙《ほうろく》という昔ながらのごま煎り器を使っても。洗いごまを入れて中火にかけ、煙が出てきたら1分ほど煎る。火を止め、余熱で10秒ほど煎り上げ、持ち手の穴から出す。

◎4段階のすり具合

粗ずり

粒がほぼ残っている。表面に少し傷をつけて香りを軽く立たせるすり加減。

半ずり

粒の形が残っているものと、粉状にすったものとが半々くらいのすり加減。

七分ずり

粒がやや残っているが、粉状にすった状態のほうが多いすり加減。

全ずり

すべてが完全に粉状になるまですった状態。

MEMO　冷蔵庫で3カ月保存できる。

ごま塩

すりたてのごまの香りが際立つ、
究極にシンプルな組み合わせ。
ごまは全ずりすると
消化しやすくなります。

◎材料（30㎖）
黒ごま…大さじ2
塩…小さじ1

◎作り方
1　フライパンを中火にかけ、温まったら弱火にして塩を入れる。30秒ほどゆすって煎る。
2　塩がサラサラになってきたら黒ごまを加え、10～15秒ほどゆすりながら煎って（a）、すり鉢に入れる。
3　黒ごまを全ずりする（b）。冷めたら密閉容器に入れて保存する。

自然塩は水分を飛ばすために、黒ごまは香りを出すためにさっと煎る。

ごまの油が出ないように、すりこぎにあまり力を入れずに全ずりする。

ごまあえ

一年中、いつでも作りたい定番のおかず。
四季折々の具材で、季節を味わいましょう。

ごまあえのもと

◎材料（2〜3人分）
白ごま…大さじ4
しょうゆ、砂糖…小さじ2
だし汁…小さじ1

◎作り方
1 すり鉢で白ごまを七分ずりする。
2 しょうゆ、砂糖、だし汁を加え、すりこぎでさっと混ぜる。

具材を加えるので、この時点ではしっかりめの味加減。だし汁は野菜のゆで汁で代用してもOK。

《基本》ほうれん草のごまあえ

◎材料（2〜3人分）
ごまあえのもと…全量
ほうれん草…5〜6株（150g）
しょうゆ…小さじ1

◎作り方
1 すり鉢で**ごまあえのもと**を作る。
2 ほうれん草は塩ひとつまみ（分量外）を入れた熱湯で1〜2分ゆでる。
3 2を冷水にとり、ぎゅっと水分を絞る。
4 しょうゆをかけて、さらにぎゅっと絞る。
5 2〜3cm長さに切り、1のすり鉢に加えて手であえる（a）。

MEMO 食材の水気をしっかり切ってからあえるのがコツ。

手であえると味が全体にいきわたり、おいしくなる。

〈応用〉
じゃがいもとレンコンのごまあえ

根菜類のごまあえ。少量の酢を入れると味が締まります。

◎材料（2〜3人分）

ごまあえのもと…全量
酢…小さじ1と½
じゃがいも（小）…1個
レンコン（小）…1節（70〜80g）

◎作り方

1 **ごまあえのもと**に酢を加え、すり鉢で合わせる。

2 じゃがいもとレンコンは皮をむき、縦に4等分してから断面をスライサーで薄切りし、水を張ったボウルに15分つける。

3 2をザルにとり、熱湯で2分ゆでる。じゃがいもにシャキッとした感じが残っているうちにザルにとる。

4 ぎゅっと絞って1のすり鉢に入れてあえる。

〈応用〉
トマトとみょうがのごまあえ

酢と薬味野菜を加えて、夏野菜をさわやかなごまあえに。

◎材料（2〜3人分）

ごまあえのもと…全量
酢…小さじ1と½
トマト…2個
みょうが…1個
しょうが…ひとかけ

◎作り方

1 **ごまあえのもと**に酢を加え、すり鉢で合わせる。

2 トマトは熱湯で15〜30秒ゆで、冷水にとってから皮をむく。1.5㎝角（小さめの一口大）に切る。

3 みょうが、しょうがは千切りにして、水を張ったボウルに15分つける。

4 ペーパータオルなどで3の水気をしっかりとり、2のトマトとともに1のすり鉢に入れてあえる。

白あえ

シンプルで淡泊な料理こそ、
素材の味が命。
新鮮な野菜と厳選した豆腐を
ぜひ使ってください。

白あえのもと

◎材料（2〜3人分）
木綿豆腐…½丁（約170g）
白ごま…小さじ2
A
しょうゆ（薄口がおすすめ）、砂糖、みりん…各小さじ1
白味噌（または甘めの味噌）…小さじ½
塩…小さじ¼
だし汁…大さじ1〜2

◎作り方
1 豆腐の水切りをする。豆腐を手でちぎりながら塩少々（分量外）を入れた熱湯に入れ、中火で2分ゆでる（a）。ふきんをのせたザルにとり、ぎゅっと絞ってしっかり水分をとる（b）。
2 すり鉢で白ごまを全ずりする。
3 1を加えてよくする（c）。
4 Aを加えて混ぜる。
5 だし汁を入れてのばし、調味料で味を調える。

a
木綿豆腐をちぎりながら鍋に入れてゆでる。

b
やけどに注意しながらぎゅっと絞る。この方法だと短時間で水切りが完了。

c
豆腐はなめらかになるまでよくする。

《基本》おひたしの白あえ

◎材料（2〜3人分）
白あえのもと…全量
A
だし汁…120㎖
しょうゆ、みりん…各大さじ1
葉野菜（小松菜、ほうれん草、春菊など）…3〜4株（80g）
にんじん…¼本
きのこ（しめじ、しいたけなど）…少々

◎作り方
1 Aをバットで混ぜておく。
2 にんじんは皮をむき薄切りにして、塩少々（分量外）を入れた熱湯でゆでる。やわらかくなったらとり出し、同じ湯で葉野菜をゆでる。
3 しめじは石づきをとり小房に分け、しいたけは薄切りにする。
4 2の葉野菜をとり出す前にきのこを入れ、30秒ほどゆでてとり出す。葉野菜はさっと冷水に流してからぎゅっと水分を絞る。
5 2と4を1のバットに浸して1〜3時間おき、味を染み込ませる。
6 すり鉢で**白あえのもと**を作る。
7 5の葉野菜は軽く絞って2〜3cm長さに、にんじんは千切りにして、きのこととともに6であえる。

〈応用〉

ひじきの煮ものの白あえ

乾物を使ったお惣菜は、白あえにぴったり。甘辛い味がやわらかくなります。

◎材料（2〜3人分）

白あえのもと（↓19ページ）…全量
ひじき（乾燥）…10g
油揚げ…½枚
にんじん…¼本
太白ごま油…大さじ½
A
- だし汁…¼カップ
- 日本酒、みりん…各大さじ1
- 砂糖…小さじ1
- しょうゆ…大さじ1強

◎作り方

1 ひじきは水洗いして、たっぷりの湯に15〜20分つけて戻す。ザルにあげ、熱湯で1分ほどゆでこぼす。
2 油揚げは熱湯をかけて油抜きし、縦半分に切ってから千切りにする。にんじんは皮をむき、千切りにする。
3 鍋に太白ごま油を熱し、ひじき、油揚げ、にんじんを炒める。
4 油が全体にまわったら、Aを入れる。沸騰したら落とし蓋をして、汁気がなくなるまで弱火で煮る。
5 すり鉢で**白あえのもと**を作る。
6 4を5に加えてあえる。

MEMO 切り干し大根の煮もの、きんぴらごぼう、こんにゃくの炒り煮などのお惣菜が余ったら白あえに変身させても。

〈応用〉

洋風白あえ

食材には下味をつけないので簡単に作れます。酒の肴や洋風の食卓にもどうぞ。

◎材料（2〜3人分）

白あえのもと（↓19ページ）…全量
クレソン…ひとつかみ
パプリカ…⅛個
スモークチーズ…40g
オリーブオイル…小さじ1

◎作り方

1 すり鉢で**白あえのもと**を作る。
2 クレソンはざく切り、パプリカは薄切り、スモークチーズは小さなサイコロ状に切る。
3 1にすべての材料を加えてあえる。

ひじきの煮ものの白あえ

洋風白あえ

ナムル

にんにくをすりおろす、
ごまをする、具材とあえる。
すり鉢ひとつで
ナムル作りのすべてが完結します。

MEMO ほうれん草、アスパラガス、レンコンなど、葉（茎）野菜類、根菜類が合う。

《基本》
塩ナムル

◎材料（2～3人分）

にんじん…1本（100g）
白ごま…大さじ2
粒こしょう…5粒
にんにく（小）…½かけ
塩…小さじ¼
ごま油…大さじ½

◎作り方

1 にんじんは皮をむいて千切りにし、湯500㎖に対して塩大さじ½（分量外）でかためにゆで、ザルにとる。

2 すり鉢で白ごまを半ずりする。粒こしょうを加えてつぶす（a）。すり目でにんにくをすりおろす（b）（すりおろしにくければ、すりこぎでたたきながらつぶす）。

3 塩とごま油を加えて混ぜ、1のにんじんを加えて手であえる（c）。

粒こしょうはすりこぎでたたいてつぶし、香りを出す。

にんにくをすり目に軽くこすりあてるようにして、まわしながらすりおろす。

ナムルの本場、韓国のお母さんもこうやって手であえる。手は優れた調理道具のひとつ。

〈応用〉

味噌ナムル

味噌とコチュジャンを使ったナムル。酒の肴やごはんにも合う一品です。

◎**材料（2〜3人分）**

菜の花…4〜5束（150g）
にんにく（小）…½かけ
白ごま、しょうゆ、ごま油…各小さじ2
砂糖、味噌…各小さじ1
コチュジャン…小さじ½

MEMO 小松菜、春菊、ごぼう、きのこなども合う。

◎**作り方**

1 菜の花は塩少々（分量外）を入れた湯でやわらかくゆで、2〜3cm長さに切る。水分をぎゅっと絞る。

2 すり鉢で白ごまを半ずりする。すり目でにんにくをすりおろす（すりおろしにくければ、すりこぎでたたきながらつぶす）。

3 しょうゆ、ごま油、砂糖、味噌、コチュジャンを加えて混ぜ、**1**の菜の花を加えて手であえる。

〈応用〉

しょうゆナムル

ズッキーニなどを温野菜にするときは蒸すと旨みが逃げません。

◎**材料（2〜3人分）**

ズッキーニ…1本
にんにく（小）…½かけ
白ごま…大さじ2
しょうゆ、ごま油…各小さじ2
七味唐辛子…少々
塩、砂糖…各ひとつまみ

MEMO なす、ブロッコリー、きのこなども合う。

◎**作り方**

1 ズッキーニは縦に十字に切り、斜め薄切りにする。ボウルなどに入れ、塩とごま油各少々（各分量外）をまぶしてから、蒸気の上がった蒸し器に入れて蓋をし、中火で5〜6分蒸す。

2 すり鉢で白ごまを半ずりする。すり目でにんにくをすりおろす（すりおろしにくければ、すりこぎでたたきながらつぶす）。

3 しょうゆ、ごま油、七味唐辛子、塩、砂糖を加えて混ぜ、**1**のズッキーニを加えて手であえる。

味噌ナムル

しょうゆナムル

なすのペペロンチーノ ごまあえ

和風のイメージが強い「焼きなす」を、イタリア風のごまあえにアレンジしました。にんにくと唐辛子をきかせたオイルを使っているので、パスタにからめてもおいしい一品。

◎**材料（2～3人分）**

なす…3本
ミニトマト…4～5個
白ごま…大さじ2と½
薄口しょうゆ…大さじ1と½
砂糖…小さじ½
オリーブオイル…大さじ1
にんにく（小）…ひとかけ
唐辛子…⅓本

◎**作り方**

1 なすをグリルで真っ黒になるまで焼き、熱いうちにやけどに気をつけながら皮をむいて縦に細く切る。

2 すり鉢で白ごまを半ずりにする。

3 薄口しょうゆ、砂糖を**2**に加えて混ぜる。

4 小鍋にオリーブオイルと、粗みじんに切ったにんにくを入れて弱火にかける。にんにくが色づき始めたら唐辛子を入れる。

5 にんにくが薄茶色になったら、半分に切ったミニトマトを入れ、さっと炒める。ミニトマトが煮崩れてきたら火を止め、**3**のすり鉢に加える。

6 **1**の焼きなすを加え、粗熱がとれたら全体を手であえる。

MEMO からししょうゆ、わさびじょうゆ、酢じょうゆなど、お好みのタレでどうぞ。

豆腐シュウマイ

子どもから大人まで喜ばれる、
ふんわりやさしい味のシュウマイです。
ごまをすったすり鉢を、
ボウルのように使ってタネを作ります。
皮には包みませんが、
片栗粉をまぶして蒸し上げると
表面がつやつやの膜に覆われます。

◎材料（約12個分）

木綿豆腐…1丁（約400g）
白ごま…大さじ1
長ねぎ…½本
しょうが…半かけ
メンマ（またはたけのこ）…20g
ごま油…小さじ1
塩、こしょう…各少々
片栗粉…大さじ2＋衣用
パン粉…大さじ2＋調整用

◎作り方

1 メンマはあらかじめ塩抜き（水に数時間つける）して、やわらかくなるまでゆでておく。

2 **白あえのもと**（↓19ページ）と同様の要領で、豆腐を水切りする。

3 すり鉢で白ごまを七分ずりする。豆腐を加えて、かたまりがなくなるまでしっかりつぶす。

4 長ねぎ、しょうが、メンマはみじん切りにする。3に入れ、ごま油、塩、こしょうを加えて混ぜる。

5 片栗粉とパン粉を加えて混ぜる。パン粉（調整用）でかたさを調節し（a）、12等分してボール（直径約4㎝）を作る。

6 片栗粉（衣用）を小皿などに広げ、5の表面にまぶす（b）。

7 蒸し器に並べ（c）、濡れぶきんをかぶせて蓋をし、弱めの中火で15分蒸す。

メンマは中華材料として市販されている塩漬けのものを使う。

タネのかたさはパン粉で加減する。きれいに丸くなるかたさが目安。

ボール状に丸めたタネを転がしながら、表面に薄く片栗粉をまぶす。

底が広い鍋に網を入れ、網の下まで水を注げば簡易蒸し器に。網の上にクッキングシート（濡れぶきん、白菜の葉などでも）を敷き、そこに豆腐シュウマイを並べて蒸す。

麻婆豆腐

花椒、粒こしょう、
しょうがやにんにくなどの薬味野菜を、
すり鉢でたたいて、すって……。
そこに中華調味料を加えるだけで、
麻婆豆腐特有の香りが
本格的に楽しめる一品です。
すり鉢でほどよく粒を残してつぶす
クルミが、ひき肉の代わり。

◎材料(4人分)

長ねぎ…⅔本
しいたけ(またはしめじ)…2枚
しょうが、にんにく…各ひとかけ
木綿豆腐…1丁
花椒《ホアジャオ》(中国山椒)…小さじ1
粒こしょう…6粒
クルミ…¼カップ
A
　豆板醤《トウバンジャン》、甜麺醤《テンメンジャン》…各大さじ1
　豆豉醤《トウチジャン》…小さじ1
太白ごま油(またはサラダ油)
…大さじ2
B
　水…¾カップ
　しょうゆ…大さじ3
　砂糖…大さじ½
　日本酒…大さじ1
　塩…少々
水溶き片栗粉…適量
ラー油、ごま油…各適量

MEMO 辛さは豆板醤で調整を。豆豉醤は手に入らなければ省いてもOK。

◎作り方

1 長ねぎ、しいたけ、しょうが、にんにくはみじん切りに、木綿豆腐はさいの目切りにする。
2 すり鉢で花椒と粒こしょうをすり、クルミを加えてつぶす(a)。
3 長ねぎの半量、しいたけ、しょうが、にんにく、Aを加えて混ぜる(b)。
4 フライパンで太白ごま油を熱し、3を中火で炒める。
5 3で使ったすり鉢に、Bを入れ混ぜておく(c)。
6 5分ほど中火で炒めたら、5と豆腐、長ねぎの残りを加える。沸騰したら中火で5~6分煮る。
7 水溶き片栗粉でとろみをつけ、仕上げにラー油とごま油をまわしかけて火を止める。

クルミはすりこぎでたたきながら、粒が残るぐらいに粗くつぶす。

すり鉢で調味料を混ぜ合わせる。粘り気があるものを混ぜるときはスプーンが混ぜやすい。

調味料を混ぜたすり鉢をそのまま、スープの材料を混ぜ合わせるボウルとして使う。すり目に残った調味料が溶けてあとかたづけもラク。

高野豆腐のチリ唐揚げ

すり鉢で揚げ衣を作り、
高野豆腐をあえて、揚げるだけ。
地味な乾物も、ほんのひと工夫で
豪華なメイン料理に変身します。
ピリッとした辛味と、
にんにくや香辛料の香りが
食欲をそそる一品です。

◎材料（24個分）
高野豆腐…3枚
粒こしょう…8粒
白ごま…大さじ1
にんにく…½かけ
しょうが…ひとかけ
A
- チリパウダー、パプリカパウダー…各小さじ½
- チリペッパー…小さじ¼
- 塩…小さじ½
- しょうゆ…大さじ1
- みりん…大さじ½

卵…1個
薄力粉、コーンスターチ（または片栗粉）…各大さじ3
揚げ油…適量

◎作り方
1 高野豆腐をたっぷりのぬるま湯につけて戻しておく。手でぎゅっと絞ってから一口大にちぎり（a）、さらにぎゅっと水分を絞る。
2 すり鉢で粒こしょうをつぶし、白ごまを半ずりにする。にんにくとしょうがをそれぞれ4等分に切って加え、すりこぎでたたきつぶしながら細かくする（b）。
3 Aと卵を加えてよくすり混ぜる。
4 1の高野豆腐を加えて手で全体を混ぜ（c）、10分ほどおく。
5 4に薄力粉とコーンスターチを加えて手で混ぜ、180℃の油でカラリと揚げる。

MEMO 高野豆腐が、膨張剤不使用でぬるま湯で戻しても大きくならない場合は、枚数を増やして衣が全体になじむくらいの量に調整を。

a
高野豆腐一枚を8等分した大きさが一口大の目安。なるべく同じ大きさになるようにちぎるのが上手に揚げるコツ。

b
しょうがとにんにくのかたまりがなくなるまで、すりこぎでたたきつぶしながらする。

c
手で混ぜながらしっかりと味をなじませる。

豆腐コロッケ

水切りした豆腐をベースに、セロリ、カレー粉、しょうゆなど、香りのよい材料をすり鉢で混ぜて作る無国籍のコロッケです。ウスターソース、しょうゆ、ケチャップなど、お好みのソースでどうぞ。

◎材料（6個分）

木綿豆腐…1丁（約400g）
玉ねぎ…½個
セロリ（茎）…1本
しいたけ…2枚
オリーブオイル、しょうゆ
…各大さじ1
カレー粉…小さじ1
パン粉…大さじ1〜2＋衣用
薄力粉（または片栗粉）
…大さじ2＋衣用
卵…1個
揚げ油…適量

◎作り方

1 **白あえのもと**（↓19ページ）と同様の要領で、豆腐を水切りする。すり鉢に入れて、かたまりがなくなるまでしっかりつぶす。

2 玉ねぎ、セロリ、しいたけをみじん切りにする。

3 熱したフライパンにオリーブオイルを入れ、玉ねぎを炒める。玉ねぎが透き通ったらセロリとしいたけを加えてさらに炒める。

4 全体に火が通ったら、しょうゆとカレー粉を入れて水分がなくなるまで炒める。

5 4を1に加えて混ぜる。

6 パン粉と薄力粉を加える。パン粉でかたさを調節し（a）、6等分して丸く成形する。

7 6に薄力粉、卵、パン粉を順につけ、180℃の油できつね色になるまで揚げる。

MEMO 卵を使わずに、薄力粉（大さじ8前後）に水を加えてもったりするぐらいのかたさに加減した衣を使っても。

パン粉を加えながら、タネが手につかないくらいのかたさに調整する。

車麩のにんにく味噌焼き

すり鉢でタレの材料を混ぜて、
その中で車麩をあえてフライパンで焼くだけ。
車麩があれば、思い立ったときに
すぐ作れるのが嬉しい。
甘辛い味噌の風味がやみつきになる、
ごはんにも合う一品です。

◎**材料（16個分）**

車麩（乾物時の直径約8㎝）…4個
にんにく…1かけ
しょうが…½かけ
A
　味噌（やや辛口）…大さじ1と½
　メープルシロップ（または砂糖）
　…大さじ1
　ごま油、日本酒、しょうゆ
　…各大さじ1

◎**作り方**

1 車麩はたっぷりのぬるま湯で戻してから、1個につき¼大に切り、ぎゅっと水分を絞る。
2 すり鉢ににんにくとしょうがを入れ、すりこぎでたたきつぶしながら細かくする。
3 **A**を**2**に加えて混ぜる。
4 **1**の車麩を**3**に加え、手であえる（**a**）。
5 フライパンに太白ごま油（分量外）を熱し、**4**の両面を弱めの中火でこんがり焼く。

a
手でしっかりとタレをからませる。

きのこと長いものキッシュ

すり鉢ですった長いもに
チーズをきかせた、素朴なキッシュです。
日々のおかずとしてはもちろん、
おもてなし料理の一品にも。
好みの具材を加えて
アレンジしてください。

◎材料（14×20㎝の耐熱皿1枚分）

長いも…200g
卵…2個
生クリーム…1/3カップ
シュレッドチーズ…130g
玉ねぎ…1個
きのこ（しいたけ、舞茸、しめじなど）
…両手いっぱい
オリーブオイル…適量
塩…小さじ1/2＋調整用
こしょう、しょうゆ、バター
…各少々

◎作り方

1　長いもは皮をむき、すり鉢でする（すりおろしにくければおろし金ですりおろす）。卵を割り入れ、すりこぎですり混ぜる。生クリームとチーズを加えてさらに混ぜ、塩、こしょうで味つけする。

2　玉ねぎはみじん切りに、きのこは石づきをとってほぐしておく。

3　フライパンでオリーブオイルを熱し、玉ねぎを炒める。玉ねぎがやわらかくなったら、塩、こしょうして火を止め、3のすり鉢に入れる。

4　フライパンにオリーブオイルを少したして、きのこを炒める（a）。塩、こしょう、しょうゆで味つけし、すり鉢に加える。

5　全体を混ぜて味をみて、必要なら塩で味を調える。

6　耐熱皿の内側にバターを塗って5を入れ、200℃に予熱したオーブンで約30分（表面に焦げ目がつくまで）焼く。

きのこはフライパンにぎゅっと押しつけるようにして炒めると旨みが逃げず、おいしくなる。

アジアンカレー

すり鉢でスパイスや野菜をつぶして、
カレーのもととなるペーストを作ります。
味つけは味噌、しょうゆなど
日本の調味料で。
ココナッツミルクを加えることで、
アジア風の本格派カレーが
簡単に仕上がります。

◎材料（4人分）

玉ねぎ（中）…1/2個
にんにく、しょうが…各ひとかけ
ミニトマト…6〜7個

A
- クミンシード（またはパウダー）…大さじ1/2
- 唐辛子（種をとる）…1本

B
- コリアンダーパウダー…大さじ1/2
- ターメリック…小さじ1強
- チリペッパー…小さじ1/4
- ガラムマサラ…小さじ1/2
- 塩、味噌…各小さじ1
- こしょう…少々

太白ごま油（またはサラダ油）…大さじ3
ココナッツミルク…2カップ
水…1/4カップ
しょうゆ…大さじ1
ガラムマサラ（仕上げ用）…小さじ1/2
好みの具材（カリフラワー、かぼちゃ、たけのこ、マッシュルーム、パプリカなど）…適量

◎作り方

1 すり鉢でAをすりつぶす。
2 玉ねぎ、にんにく、しょうがを粗みじんにして加え、すりこぎでつぶす。さらにミニトマトを加えて粗くつぶす（a）。
3 Bを加えて混ぜる。
4 鍋に太白ごま油と3を入れ、火にかける。最初は中火で、水分がなくなってきたら弱めの中火で炒める。
5 色が濃くなり、油が浮いてきたらココナッツミルク、水、しょうゆ、具材を入れる。
6 沸騰したら弱火にし、蓋をしてやわらかくなるまで30〜40分煮込む。
7 ガラムマサラ（仕上げ用）を加え、塩（分量外）で味を調える。

MEMO 季節の野菜などお好みのものを食べやすい大きさに切って具材に。汁の中でぎゅうぎゅうにならず、具材が泳げるぐらいの量を入れる。

玉ねぎはつぶすことで香りが立ちやすくなる。煮ると崩れるので、トマトとともに形が残るくらいのつぶし具合でOK。

レンズ豆と
じゃがいもの
香る麩コロッケ

パン粉の代わりに
お麩を使ったコロッケです。
衣とタネどちらにも
サラダセロリの香りをきかせ、
内側と外側ともに香り豊かな一品。
ひとつのすり鉢を
ボウル代わりに使って作ります。

サラダセロリは、さわやかな香りが特徴のセロリの新芽。スーパーではハーブコーナーなどに置かれていることが多い。

MEMO 麩をおろす時間がないときはパン粉で代用も可。ただし食感と見た目は変わる。

◎材料（6個分）

〔タネ〕
レンズ豆（乾燥）…½カップ
じゃがいも（中）…2個
玉ねぎ…½個
塩…小さじ1
こしょう…少々
薄力粉…大さじ3

〔衣〕
アーモンド（生またはロースト）…8粒
粒こしょう…6粒
パセリ…ひとつかみ
サラダセロリ（またはセロリの葉）…ひとつかみ
麩…20g
パルメザンチーズ…大さじ3
塩…小さじ½
卵…1個

〔ソース〕
ケチャップ…大さじ3
しょうゆ、マヨネーズ、中濃ソース…各大さじ1
マスタード…小さじ1

◎作り方

1 鍋にレンズ豆とたっぷりの水を入れ、半蓋をしてやわらかくなるまで25分前後煮て、ザルにとる。

2 鍋にじゃがいも（皮つき）とかぶるくらいの水を入れ、やわらかくなるまでゆでる。串を刺して通るようになったらとり出し、皮をむく。

3 衣を作る。すり鉢にアーモンド、粒こしょうを入れて粗めの粉状にすりつぶす。パセリとサラダセロリの葉だけを加えてする。麩をすり目ですりおろし（a）、パルメザンチーズと塩を入れて混ぜる。すり鉢の中身をバットにとり出しておく。

4 タネを作る。3で使ったすり鉢にレンズ豆を入れ、粗くつぶす。じゃがいもを温かいうちに加えてつぶす。みじん切りにした玉ねぎ、塩、こしょうを加えて混ぜる。さらに3の衣大さじ3と薄力粉を加えてよく混ぜる（b）。

5 4を6等分し、それぞれ円板形に成形する。溶き卵をつけ、残りの衣を表面にまぶす。

6 多めの太白ごま油（分量外）をフライパンに入れて熱し、両面揚げ焼きして器に盛りつける。

7 ソースの材料を混ぜ合わせてかける。

a
すり鉢のすり目で麩をすりおろす（またはおろし金ですりおろす）。麩の粒は多少残っていてもOK。

b
パセリとサラダセロリの香りがきいた衣の一部をタネに混ぜこみ、タネにも香りをつける。

カリフラワーとブロッコリーのスパイス炒め

複数のスパイスをすり鉢ですり合わせて、野菜と一緒に炒めるだけで、いつもの野菜炒めがぐっとスパイシーで豪華なおかずに。仕上げのバターが、味を落ち着かせるかくし味。まずはスパイスとも相性のよい2種類の野菜で、作り方を覚えたらほかの野菜でもためしてください。

◎**材料（2〜3人分）**

カリフラワー、ブロッコリー…各½株

太白ごま油（またはサラダ油）…大さじ2

バター…5g

A
- クミンシード、マスタードシード、黒ごま、白ごま…各小さじ½

B
- コリアンダーパウダー、ターメリック、チリパウダー、ガラムマサラ…各小さじ¼
- しょうが、にんにく…各ひとかけ
- 塩…小さじ½

塩（仕上げ用）…適量

◎**作り方**

1 カリフラワーとブロッコリーは食べやすい大きさに切る。

2 フライパンを中火にかけて熱し、Aを煎る。スパイスがパチパチとはじけだしたらすり鉢に入れてする（a）。Bを加え、しょうが、にんにくをすりこぎでたたきつぶしながら全体をよく混ぜる。

3 フライパンに太白ごま油を入れて中火にかける。2を入れ、弱めの中火で約1分炒める。焦がさないように十分注意する。

4 3に1を加え、混ぜながら炒める。

5 スパイスが全体にまわったら、水大さじ2（分量外）を加えて蓋をし、弱火で蒸し焼きにする。

6 野菜がやわらかくなったら、蓋を開けてバターを加える。残った水分を中火で炒めながら飛ばし、塩（仕上げ用）で味を調える。

MEMO 最後の塩味はしっかりめにつけるとおいしい。

スパイスは粒が少し残るくらいの七分ずりに。

ロメスコソース

アーモンド風味のピリッと辛いソース。
スペイン料理の定番・ロメスコソースは
ナッツ類やにんにくなどを
フライパンで炒めてからすり鉢でつぶすことで、
より食材の香りが引き出されます。
コクのある深い味わいなので、
焼き野菜やパンのディップとしてや、
パスタソースとしても活躍します。

◎材料（約1カップ分）

オリーブオイル…大さじ2
にんにく…ひとかけ
アーモンド（ロースト）…20粒
松の実…大さじ1
パン粉…½カップ
唐辛子…¼本

A
ホールトマト缶…果肉150g（中3個分）
パプリカパウダー…小さじ1
酢…小さじ1
塩…小さじ1と½
こしょう…少々

◎作り方

1 小鍋にオリーブオイルと包丁の腹でつぶしたにんにくを入れ、弱火にかける。
2 にんにくがうっすらと色づいたら、アーモンドと松の実を加え、火加減を弱めの中火にする。
3 松の実がうっすらと色づいたら、アーモンド、松の実、にんにくをすり鉢にとり出す。
4 3の小鍋に残ったオリーブオイルで、パン粉を炒める。パン粉が色づき始めたら唐辛子を入れ一緒に炒める。パン粉が全体的に薄茶色になったら火を止めてすり鉢に加え、粒がほぼなくなるまでよくすり混ぜる（a）。
5 Aを加えてよく混ぜる（b）。

焼き野菜

◎材料

じゃがいも、にんじん、パプリカ、なす、ズッキーニ、玉ねぎなどの野菜をお好みで。

◎作り方

フライパンに薄くオリーブオイル（分量外）を引いて熱し、フライパンが熱くなったら、食べやすい大きさに切った野菜を並べる。全体に塩（分量外）を振り、蓋をして弱めの中火で焼く。数分してこんがり焼けたら裏返しにして塩（分量外）を振り、蓋をして弱火でやわらかくなるまで焼く。

アーモンドと松の実の粒がなくなるまで、すりこぎでたたいてつぶしながら、よくすり混ぜる。

トマトピューレではなく、ホールトマトをすり鉢でつぶして使うとおいしい。

ARRANGE

パスタソースにもおすすめ。パスタ150g（1ℓの湯に塩大さじ1を入れてゆでる）に対して、ロメスコソース½カップ、パスタのゆで汁大さじ3、パルメザンチーズ大さじ2〜3とあえる。

MEMO 冷蔵庫で3～4日、冷凍庫で約1カ月保存できる。

中華ダレ

薬味やラー油を使った香り豊かなタレは、みぞれ鍋などの淡泊な料理とよく合います。ドレッシングや豆腐のタレとしても。

◎材料（4人分）

白ごま…大さじ3
しょうが…ひとかけ
長ねぎ…$\frac{1}{3}$本

A
- しょうゆ…大さじ5
- 砂糖…大さじ2と$\frac{1}{2}$
- 酢…小さじ1

B
- ラー油…小さじ$\frac{1}{2}$
- 太白ごま油（またはサラダ油）…大さじ2
- 豆板醬《トウバンジャン》、甜麺醬《テンメンジャン》…各小さじ$\frac{1}{2}$

にんにく…$\frac{1}{2}$かけ

◎作り方

1 すり鉢に白ごまを入れ、全ずりする。しょうがを4等分に切って加え、すりこぎでたたきながらつぶしてする。長ねぎを粗みじんにして加え、すりこぎでたたきながらする（ねぎの香りを出す）。

2 Aを加えて混ぜる。

3 小鍋にB、みじん切りにしたにんにくを入れて弱めの中火にかける。音がしてきたら1分ほど混ぜながら炒める。火を止め、すり鉢に入れて混ぜる。

みぞれ鍋

◎材料（4人分）

大根おろし…$\frac{1}{2}$本分
昆布…10㎝
豆腐…1丁
好みの具材（きのこ、油揚げ、長ねぎなど）…適宜

◎作り方

土鍋の半分の深さまで水を入れ、昆布を入れて火にかける。沸騰したら大根おろしと具材を入れる。具材に火が通ったら食べやすい大きさに切った豆腐を加え、さらに5分ほど煮る。中華ダレをつけながらどうぞ。

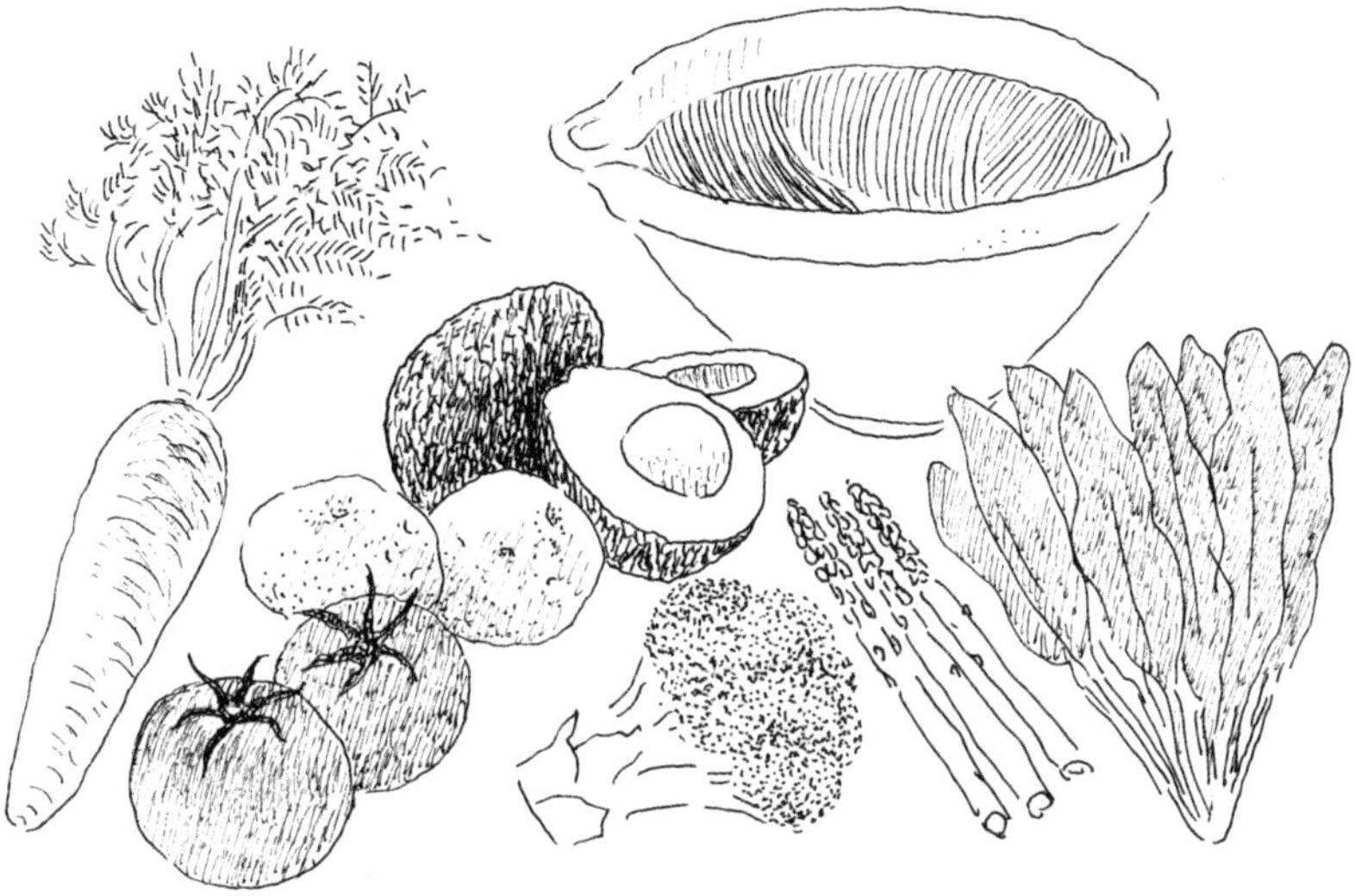

2章

すり鉢で作るサラダ

すり鉢でドレッシングを作って
野菜をあえればサラダのできあがり。
すり鉢はそのまま
サラダボウルとして使えます。

MEMO 写真のサラダ用野菜はレタス、サラダ春菊、パプリカ(赤・黄)、トレビスを使用。折々の季節の野菜を彩りよくとり合わせて。

そばサラダ

すり鉢で合わせた調味料に、
そばと野菜をあえて仕上げるサラダです。
おいしさの決め手は、細ねぎに
熱々のごま油を注いで香りを出すひと手間。
ねぎの香味とそば特有の風味が
絶妙に調和し、野菜との相性も抜群です。
折々の季節の野菜で楽しみましょう。

◎材料（4人分）

サラダ用野菜…両手山盛りいっぱい
細ねぎ…5～6本
白ごま…大さじ1
A［しょうゆ、みりん、酢…各大さじ2
そば（乾麺）…100g
太白ごま油（またはサラダ油）…大さじ3
唐辛子…1/3本

◎作り方

1 サラダ用野菜は食べやすい大きさにちぎる。
2 すり鉢で白ごまを粗ずりする。
3 Aを加えて混ぜる。
4 細ねぎは小口切りにして、小さめの耐熱ボウルに入れる。
5 太白ごま油と唐辛子を小鍋に入れて中火にかける。煙が出てきたら、4に熱々をかける（a）。3のすり鉢に加えて混ぜる。
6 そばをゆで、ザルにとって冷水で冷やす。
7 そばをぎゅっと絞り、すり鉢に加えて手でよくあえる（b）。
8 食べる直前にサラダ用野菜を加えて手でさっくり混ぜる。

MEMO　野菜の量はたれの量と味をみながら好みで調整する。すり鉢が小さい場合は、中身をボウルなどに移すと混ぜやすい。

熱々の太白ごま油をジュッと注ぎ入れる。細ねぎの風味が移って香り高い油に。

最初にそばだけをあえ、味をなじませておく。サラダ用野菜は食べる直前に。

大根とにんじんのアチャール

アチャールとはスパイスで香りづけをした野菜の漬けもののこと。ここでは、日本で手に入りやすい大根とにんじんを使って作ります。もとはネパール料理ですが、ごまやしょうがを使うので、じつはエスニック以外の料理ともよく合います。

◎**材料（4人分）**

大根…1⁄5本（200g）
にんじん…1⁄3本（30g）
しょうが…ひとかけ
白ごま…大さじ2

A
塩…小さじ3⁄4
レモン汁（または酢）…大さじ1と1⁄2
砂糖…小さじ1
チリペッパー…少々

太白ごま油（またはサラダ油）…大さじ1
クミンシード…小さじ1
ターメリック…小さじ1⁄4

MEMO クミンシードの代わりにマスタードシードを使ってもおいしい。

◎**作り方**

1 すり鉢で白ごまを半ずりする。
2 **A**を加えて混ぜる。
3 大根とにんじんは皮をむき細切りに、しょうがは千切りにする。すり鉢に加えて、手であえる。
4 小鍋に太白ごま油とクミンシードを入れる。弱火でゆっくり熱し、クミンシードの香りを油に移す。クミンシードがはじけだして少し色づいたら火を止める。ひと呼吸おいてからターメリックを加える。
5 熱々の**4**を**3**のすり鉢に加え、箸でざっくりと混ぜる。粗熱がとれたら、手でもみこむようにしっかりと混ぜる。

ハニーレモン&アーモンドドレッシングのサラダ

レモンの酸味とはちみつの甘さが調和した
さわやかな風味のドレッシング。
粗くつぶしたアーモンドもアクセント。
ボウルで混ぜると分離しやすいオリーブオイルも、
すりこぎでぐるぐると混ぜるだけで
ほかの調味料とすぐになじみます。
好みの野菜をたっぷり加えてどうぞ。

MEMO ベビーリーフ、レタス、サラダ菜、ほうれん草、スイスチャード、パプリカ、トレビス、キャベツ、玉ねぎ、にんじん、スプラウト、トマトなどが合う。数種類を組み合わせて。

◎材料（4人分）

サラダ用野菜…両手山盛りいっぱい
アーモンド（ロースト）…10粒
イタリアンパセリ（葉のみ）…2～3本分

A
- 塩…小さじ½
- こしょう…少々
- はちみつ（またはメープルシロップ）…小さじ¾
- レモン汁（または酢）…大さじ1と½

オリーブオイル…大さじ3

◎作り方

1 すり鉢でAを混ぜる。
2 オリーブオイルを少しずつ加え、すりこぎでぐるぐると混ぜる（a）。
3 アーモンドとイタリアンパセリの葉を加え、粗くつぶしながらする。
4 サラダ用野菜は小さめに均等に切り、3に加えて手でやさしくあえる。

a
すりこぎで混ぜると、乳化してなめらかになる。

いもサラダ

いもをつぶすのもすり鉢の得意わざ。
いもは1種類でも2種混ぜてもよし。
里いもや長いもなど
いろいろな種類で楽しみましょう。
サラダに使うマヨネーズも
すり鉢で簡単に作れます。

MEMO 新鮮な卵を使用する。完成したマヨネーズは冷蔵庫で保存し、できるだけ早めに使い切る。

マヨネーズ

◎材料（約1カップ）

にんにく…少々

A
- 卵黄…1個
- マスタード…大さじ1
- 塩…小さじ1
- 砂糖…小さじ½
- こしょう…少々

酢…大さじ1

オリーブオイル…150mℓ

◎作り方

1 材料をすべて室温に戻しておく。

2 すり鉢のすり目に、にんにくを数回ぐるぐると回しながらこすりつけ、香りをつける。

3 Aを加えてする。

4 オリーブオイルの½量を少しずつ加えながら、すり混ぜる。酢を少しずつ加えながら、すり混ぜる。残りのオリーブオイルを少しずつ加えてすり混ぜ、もったりさせる。

オリーブオイルと酢はぽたぽたと少量ずつ入れ、すりこぎを回しながらよく混ぜる。すり目のおかげできれいに乳化されるので泡立て器は不要。

◎材料（2〜3人分）

じゃがいも、さつまいも…合わせて350g

玉ねぎ…¼個

卵…1個

酢…小さじ2

塩、こしょう…各少々

パセリ…1〜2本

マヨネーズ…大さじ3〜4

◎作り方

1 じゃがいも、さつまいもは皮をむき、4等分に切る。玉ねぎは薄切りして塩少々（分量外）でもみ、ぎゅっと絞ってから水にさらしておく。

2 鍋にじゃがいもとさつまいも、卵、材料がかぶるぐらいの水、塩（分量外）を入れる（500mℓの水に対して塩大さじ½）。蓋をして火にかけ、沸騰したら弱火にする。

3 5分後に卵をとり出し、台などに落として下部に軽くヒビを入れ、湯に戻す（こうしておくと殻がむきやすくなる）。

4 じゃがいもとさつまいもに竹串がスーッと通ったら、湯を捨てる。卵はとり出して冷水で冷やす。

5 鍋をコンロに戻し、弱火にかけてゆすりながら、じゃがいもとさつまいもの水分を飛ばす（a）。

6 5の粗熱がとれたら5㎜幅に薄切りし、すり鉢に入れる。酢、塩、こしょうを加えて軽く混ぜ、下味をつけておく。

7 卵の殻をむき、ざく切りにしてすり鉢に入れ、すりこぎで全体を粗くたたきつぶす。

8 玉ねぎの水分をペーパータオルなどでぎゅっと絞り、すり鉢に入れる。

9 パセリのみじん切りを入れてざっくり混ぜ、マヨネーズを加えてあえる。

いもはゆでたあと、湯を捨て、弱火にかけながら鍋をゆすって水気をとる。仕上がりがべちゃっとしないための大切なひと手間。

大豆と焼きねぎの味噌マリネサラダ

作った翌日もおいしい、
お惣菜的なマリネサラダです。
長ねぎは焼いて、甘みと香ばしさをプラス。
すり鉢で作る玉ねぎと味噌の
和風ドレッシングが、大豆と焼きねぎに
染み込み、あとを引くおいしさです。

◎材料（3〜4人分）

長ねぎ…1本
玉ねぎ…10g
煮大豆…1カップ
粒こしょう…5〜6粒
A
- 酢…大さじ2
- 味噌（やや辛口）…小さじ1
- しょうゆ、塩…各小さじ½

太白ごま油（またはサラダ油）
…大さじ2

◎作り方

1 長ねぎは3等分に切って、フライパンに薄く油を引き、転がしながら焼き目がつくまで焼いて、1cm長さの輪切りにする。

2 すり鉢で粒こしょうをたたいてつぶす。玉ねぎを粗みじんに切り、すりこぎでたたいてする（a）。

3 Aを加えてすり混ぜる。太白ごま油を加えて混ぜる。

4 熱々の豆（豆が冷めているときは熱湯でさっとゆでる）と1の焼きねぎを加えてあえる。

5 1時間ほどおいて味をなじませる。

少量の玉ねぎをおろし器ですりおろすのはむずかしいが、すりこぎでつぶせば細かくつぶしやすい。

ガドガド・ホットサラダ

インドネシアの伝統料理で、「ガドガド」と呼ばれる甘辛いピーナッツソースです。ピーナッツは薄皮も一緒にすり鉢でするのが、本場での伝統的な作り方。ゆでた野菜やゆで卵など、さまざまな食材に合う万能ソースです。

◎**材料**(ソース150㎖分)

にんにく…少々
塩…小さじ½
ピーナッツ(皮つき)…50g
しょうが…ひとかけ
水…大さじ2＋調整用

A
豆板醤《トウバンジャン》(または唐辛子の輪切り)…小さじ⅓
砂糖、しょうゆ…各大さじ1
酢…大さじ½

好みの具材(じゃがいも、にんじん、キャベツ、もやし、ブロッコリーをゆでるか蒸す。そのほか、きゅうり、トマト、ゆで卵など)…適量

MEMO 具材の野菜は赤、緑、黄色、白の野菜を彩りよく、お好みのバランスで。インゲン、厚揚げもよく合う。

◎**作り方**

1 すり鉢のすり目ににんにくをこすりあてながら4～5回まわし、香りをつける(a)。

2 塩とピーナッツを入れ、ピーナッツをたたきつぶしながら粉状にする(b)。

3 しょうがを4等分に切ってすり鉢に加え、すりこぎでたたきつぶしながらする。

4 水を大さじ1ずつ2回に分けて加え、なめらかになるまでする。

5 Aを加えて混ぜる。もったりしすぎるようだったら水を加えて調整(c)。味をみながら必要なら調味料をたす。

6 具材とともに皿に盛りつける。

MEMO 具材の上からガドガドソースをかけたり、ドレッシングのようにあえたりするのもおいしい。冷蔵庫で3～4日、冷凍庫で約1カ月保存できる。

にんにくをすり目に軽くこすりあてながらまわす。すり鉢に香りをつける目的なので、すりおろさなくてよい。

ピーナッツは薄皮ごとたたいて粗くつぶしてから、さらに粉々になるまでよくする。

ソースのかたさは水の量で微調整する。ディップにする場合はかためと、上からかけたりあえたりするならやわらかめに。

グァカモーレ

メキシコ料理を代表する「グァカモーレ」は、アボカドをすり鉢でつぶして作るディップソースです。

スティック野菜やトルティヤチップスをつけていただきます。

野外パーティの軽食にもぴったりの一品。

トルティヤチップスがなければクラッカーでも。

◎材料（4人分）
にんにく…少々
アボカド…1個
玉ねぎ…1/4個
唐辛子（生または乾燥）…少々
レモン汁…大さじ2
塩…適量
コリアンダーの葉…あれば少々
スティック野菜（パプリカ、きゅうり、アスパラガス、チコリ等）…適量
トルティヤチップス…適量

◎作り方
1 玉ねぎはみじん切りにしてから15分ほど水にさらしておく。
2 すり鉢のすり目ににんにくをこすりあてながら4～5回まわし、香りをつける。
3 アボカドは縦半分に切り、種をとり除く。実をスプーンなどですくってすり鉢に入れ、すりこぎでたたきながらつぶしてクリーム状になるまでする。
4 1の玉ねぎの水気を切ってからすり鉢に加える。
5 みじん切りにした唐辛子とレモン汁を加えて混ぜ、塩で味を調える。好みで刻んだコリアンダーの葉を加えて混ぜる。
6 スティック状に切った野菜やトルティヤチップスにつけていただく。

長いもカルパッチョ梅ドレッシングかけ

長いもの薄切りに、すり鉢で作った梅ドレッシングをかければカルパッチョのでき上がり。簡単で豪華に見える一品です。

◎材料（2〜3人分）

長いも…10〜15㎝
細ねぎ…3本
［ドレッシング］
梅干し（小）…1個
A
薄口しょうゆ、酢…各小さじ2
メープルシロップ（または砂糖）…小さじ½
オリーブオイル…大さじ1と½

◎作り方

1 梅ドレッシングを作る。すり鉢に梅干しを入れ、ペースト状になるまでする。Aを加え、すりながら混ぜる。オリーブオイルを少しずつ加えながら混ぜる。

2 長いもは皮をむき、スライサーなどで薄く輪切りにして、皿に並べる。上から梅ドレッシングをかける。

3 小口切りにした細ねぎをトッピングにちらす。

もやしのねぎソースサラダ

すりこぎで細ねぎをつぶし、香りを出して中華風のソースを作ります。淡泊なもやしに油揚げを加えて、濃厚な味に。お酒のアテにもなります。

◎材料（2〜3人分）

緑豆もやし…1袋（200g）
油揚げ…1枚
［ソース］
白ごま…大さじ3
にんにく…少々
しょうが…½かけ
細ねぎ…5本
A
しょうゆ…大さじ2
砂糖、酢、ごま油…各小さじ2

◎作り方

1 ソースを作る。すり鉢に白ごまを入れて半ずりする。すり目でにんにくとしょうがをすりおろす（すりおろしにくければ、粗みじんに切ってからすりこぎでたたきながらつぶして、する）。

2 小口切りにした細ねぎを加え、粗くすりつぶす。**A**を加えて混ぜる。

3 緑豆もやしと油揚げは1分ほどゆでてザルにとる。もやしはぎゅっと絞ってすり鉢に入れる。油揚げはぎゅっと絞って千切りにしてすり鉢に入れ、全体を手であえる。

にんじんのスパイスサラダ

すりたてのスパイスの香りを楽しむサラダです。すり鉢でスパイスをする前の、フライパンで煎るひと手間によって、香りが何倍も広がります。

MEMO スパイスがすべてそろわなければ、1〜2種で作ってもおいしい。

◎**材料**（2〜3人分）

にんじん…2本（200g）

A
- 粒こしょう…2粒
- クミンシード、マスタードシード、コリアンダーシード、フェンネル…各小さじ½
- 唐辛子…少々

カシューナッツ…ひとつかみ

塩、はちみつ…各小さじ½

レモン汁…小さじ2

太白ごま油（またはオリーブオイル）…大さじ1

◎**作り方**

1 小鍋またはフライパンにAを入れ、中火で煎る。香りが出てきたらすぐに火を止め、すり鉢に入れる。細かくなるまでする。

2 カシューナッツも同様に煎る。少し色づいたらすり鉢に入れ、粗くつぶす。

3 塩、はちみつ、レモン汁を加えてすり混ぜる。

4 太白ごま油を加えて、すり混ぜる。

5 にんじんは皮をむき、千切りにして塩（分量外）でかために塩ゆで（1〜2分）する。ザルにとってからすり鉢に入れ、粗熱が取れたら全体を手であえる。

3章

すり鉢で作る ごはん・麺もの

ごはんのお供もすり鉢ひとつで簡単に。
パスタやうどんに、ラーメン、つけ麺など、
各種麺ものメニューも
驚くほど手軽に作れます。

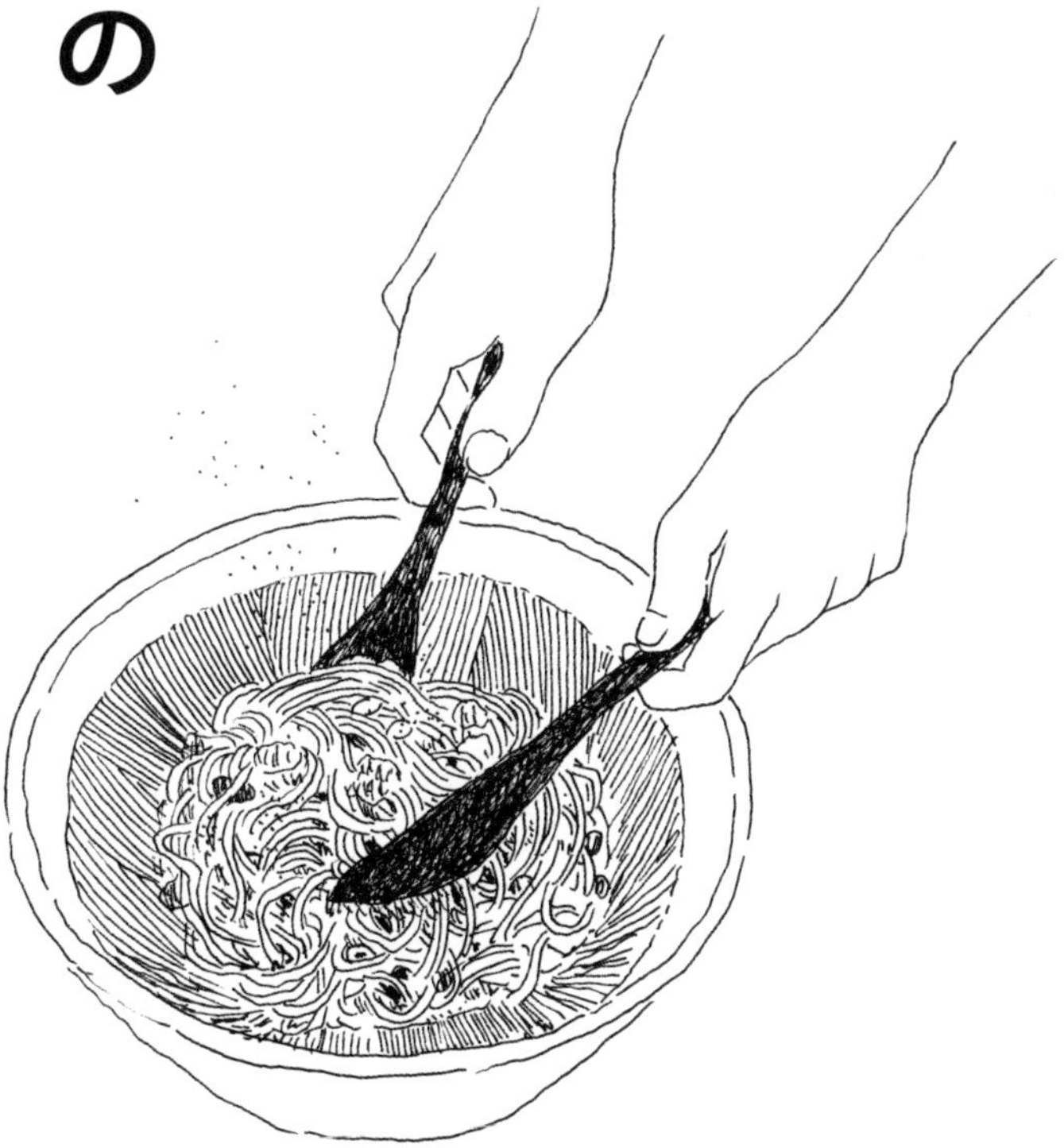

とろろごはん

すり鉢ですったとろろは、空気を含んでふんわりした食感。
おろし金ですったものとはひと味もふた味も違います。
おなかにやさしく滋養溢れる味。
雑穀ごはんによく合います。

山いもをすり目にこすりあて、すりおろす。すり鉢によっておろしにくければ、おろし金ですりおろしてもよい。

すりこぎですると適度に空気を含んでふんわりする。おろし金でおろした場合も、さらにすり鉢ですることで、ふんわりなめらかに仕上がる。

◎材料（2人分）

A
- だし汁…½カップ
- 薄口しょうゆ（なければ濃口）…大さじ1
- みりん…大さじ½
- 塩…ひとつまみ

山いも…200g
卵…1個
雑穀ごはん…2人分
青海苔…適宜

◎作り方

1 Aをボウルなどに混ぜ合わせておく。
2 山いもの皮をむき、すり鉢ですりおろす（a）。
3 卵を溶いて加え、すりこぎですりながら混ぜる。
4 1を少しずつ加えながらさらに混ぜる（b）。
5 雑穀ごはんを茶碗に盛り、4をかけて好みで青海苔を振る。

雑穀ごはん

◎材料（2人分）

白米…2合
雑穀米…大さじ2

◎作り方

雑穀米は2〜3時間前に水につけておく（ひたひたより少し多めの水。時間がないときは熱湯を入れて1時間ほどつける）。白米は洗って、雑穀米とは別の容器で1時間ほど水につける。雑穀米と白米を混ぜて炊く。水加減は白米を炊くときと同じ。雑穀米をつけておいた水も入れる。

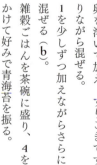

ふりかけ

海藻やスパイスを
すり鉢ですりつぶして
白ごはんに合う
香り高いふりかけに。
ごはんに混ぜて
おむすびにしても。

スパイスふりかけ

海藻ふりかけ

海藻ふりかけ

わかめや青海苔などの磯の香りに、緑茶の香ばしさをプラス。

◎材料（50㎖分）

乾燥わかめ、黒ごま、白ごま、塩、緑茶葉、青海苔…各大さじ1
七味唐辛子…好みで少々

◎作り方

1 フライパンを中火で熱し、乾燥わかめ、黒ごま、白ごま、緑茶葉、塩を入れて、ゆすりながら煎る。
2 30秒ほど煎ったら、すり鉢に入れ、すりこぎで細かくする（a）。
3 仕上げに青海苔と好みで七味唐辛子を加えて混ぜる。

わかめや緑茶葉など粒の大きいものは、すりこぎで軽くたたきながら細かくする。

スパイスふりかけ

ピリッと辛く、スパイス、バター、にんにくが香るエスニックふりかけです。

◎材料（100㎖分）

A
- マスタードシード、コリアンダーシード、クミンシード、塩…各小さじ½
- バター…5g
- にんにくスライス…1～2枚
- 唐辛子…1㎝
- カシューナッツ、クルミ…各大さじ2
- 白ごま、黒ごま…各小さじ1
- パン粉…¼カップ

ガラムマサラ…小さじ½
しょうゆ…小さじ1

◎作り方

1 Aをフライパンに入れ、中火にかける（b）。
2 スパイスのパチパチという音が聞こえてきたら（c）、ガラムマサラとしょうゆをひとまわししてさっと煎り、すり鉢に入れる。
3 全体をすりこぎで粗くする。味をみながら、好みで塩（分量外）をたす。

数種類のスパイスやナッツなどをブレンドする。カリカリした食感の秘密はパン粉。

パチパチという音がし始めるまで、材料を焦がさないようによく煎り、スパイスの香りを引き出す。

MEMO それぞれ冷蔵庫で約2週間保存できる。

梅干しにんにく味噌

イタリアのディップソース
「バーニャカウダ」から発想を得て、
ごはんに合う和風の味噌にアレンジしました。
ごはんのお供や
おむすびの具材にはもちろん、
豆腐や生野菜のつけ味噌としても。

◎材料（100㎖分）

にんにく（大）…1かけ
水、牛乳…各適量
梅干し（大）…1個
味噌…梅干しの約2倍量
みりん、砂糖…各小さじ1

◎作り方

1 にんにくを縦半分に切り、芽があればとってから小鍋に入れる。
2 にんにくがかぶるくらいの水を入れて火にかける。沸騰したら弱火で5分ほど煮て湯を捨てる。
3 かぶるくらいの牛乳を入れて火にかける。沸騰したら弱火で10分煮て（a）、牛乳を捨てる。
4 3のにんにくを水で洗い、すり鉢に入れる。
5 梅干しの種をとり除いて果肉をすり鉢に入れ、にんにくと一緒にすりこぎでする。
6 ペースト状になったら味噌、みりん、砂糖を加えてすり混ぜる。

MEMO 冷蔵庫で約1カ月保存できる。

ARRANGE

ねぎ、みょうがが、しょうが、大葉などをみじん切りにしてあえてもおいしい。おむすびの具にもぴったり。

牛乳でゆでることで、にんにくの臭みがとれて旨みだけが残る。

MEMO 冷蔵庫で約1カ月保存できる。

アジアン味噌

炒めものやスープのもととしても使えて、活用の幅が広い香り味噌。カシューナッツも加えて、コクのある深い味わいに。

MEMO 唐辛子は5で混ぜる前にとり出すか、好みですり鉢に混ぜこんでもいい。

◎材料（100㎖分）

長ねぎ…2㎝
にんにく…ひとかけ
太白ごま油（またはサラダ油）…大さじ2
唐辛子…½本
カシューナッツ…¼カップ
白ごま、味噌（辛口）…各大さじ1
砂糖、酢…各小さじ1
しょうゆ…大さじ1

◎作り方

1 長ねぎとにんにくはみじん切りにする。

2 小鍋に太白ごま油、長ねぎ、にんにく、唐辛子を入れ、弱火にかける。長ねぎが色づくまでじっくりと火を入れる。

3 その間にすり鉢でカシューナッツと白ごまをたたいてつぶし、よくすり混ぜる。

4 粉状になったら味噌、砂糖、酢を加えて混ぜる。

5 2の長ねぎが色づいたらしょうゆを加え、火を止める。すり鉢に加えて全体をよく混ぜる。

MEMO 冷凍庫で約1カ月保存できる。

海苔ととろろ昆布の佃煮

定番の海苔の佃煮も、すり鉢ひとつで作れます。材料をペースト状にしてから調味するだけ。火を使わないから簡単です。

◎材料（30㎖分）

海苔…2枚
とろろ昆布…ひとつまみ
しょうゆ、みりん…各小さじ2
砂糖…小さじ1
塩…少々
水…小さじ2〜3

◎作り方

1 海苔ととろろ昆布を細かくちぎり、すり鉢に入れる。
2 残りの材料をすべて加えて10分ほどおき、海苔ととろろ昆布に水分をなじませる。
3 すり鉢でペースト状になるまでする。
4 味をみながら、必要なら調味料をたす。

大葉ペーストのパスタ

パスタもすり鉢ひとつで簡単に。
すり鉢で大葉やごまをすって
香りを立たせてから、
ゆでたパスタをあえてそのまま食卓へ。
和の食材で作る、香り豊かな
和製ジェノベーゼパスタのでき上がり。

MEMO 大葉をバジルに代えると本格的なジェノベーゼパスタに。バジルは大葉よりかたいので、やわらかめの葉をちぎって使う。

◎材料（2人分）

大葉…20枚
白ごま…大さじ2
にんにく…½個
A
オリーブオイル…大さじ2と½
塩…小さじ1
パルメザンチーズ…大さじ2＋仕上げ用
パスタ…160g

◎作り方

1 大葉を手でちぎりながらすり鉢に入れて、よくする（a）。
2 白ごまを加えて七分ずりする。
3 にんにくをすり目でする（すりおろしにくければ、おろし金ですりおろしてすり鉢に入れる）。
4 Aを加えてする。
5 水1ℓに対して塩大さじ1（分量外）を入れ、パスタをゆでる。
6 4にパルメザンチーズとパスタのゆで汁大さじ3を加える。
7 かためにゆでたパスタをすり鉢に入れ、よくあえる。好みでパルメザンチーズ（仕上げ用）をかける。

大葉はすりこぎでつぶしながらすると、簡単にペースト状になる。

トマト・ハーブ・モッツァレラのパスタ

すり鉢でバジルの葉をすって作る
バジルペーストがベース。
そこに完熟トマトやハーブ、チーズ、
そしてゆでたパスタ……と、
すり鉢のなかで食材すべてが見事に調和。
暑い季節にも食べたい
さわやかな風味のパスタです。

松の実の粒がなくなるまでよくする。

全体を混ぜたら、1時間ほどおいて味をなじませる。

◎材料（2人分）

にんにく…½かけ
バジルの葉…ひとつかみ
松の実…大さじ1
オリーブオイル…大さじ3
完熟トマト（中）…2個
オレガノ（乾燥）…小さじ½
オリーブの塩漬け（種をとり粗みじんに）…3〜4個
ケイパー（水につけて塩抜きしたもの）…小さじ½
パルメザンチーズ…大さじ3
モッツァレラチーズ（小さな角切り）…100g
塩、こしょう…各少々
パスタ…160g

MEMO なければ入れなくてもOK。

◎作り方

1 にんにくをすり鉢に入れ、すりこぎでたたきながらすりつぶす。
2 バジルの葉をちぎって加え、すりつぶす。さらに松の実を加えてすりつぶす（a）。
3 オリーブオイルを加えて混ぜる。
4 完熟トマトを熱湯で15秒ほどゆで、冷水にとってから皮とヘタをとる。小さな角切りにしてすり鉢に入れ、すりこぎでたたいて粗くつぶす。
5 オレガノ、オリーブの塩漬け、ケイパー、パルメザンチーズ、モッツァレラチーズを入れる。
6 塩、こしょうして全体を混ぜ、1時間ほどおく（b）。
7 湯1ℓに塩大さじ1（分量外）を入れ、パスタをゆでる。かために ゆでたパスタをすり鉢に入れてよくあえる。パスタ同士がくっつくようなら、パスタのゆで汁少々を加えて調整する。

ほうれん草のレモンクリームパスタ

はじめにすり鉢でレモンの皮をすりつぶし、さわやかな香りを立たせるのがポイント。そこに、ゆでたほうれん草や生クリーム、バターなどの食材を順々にすり鉢に加え、パスタとからめるだけ。本格的なクリームパスタが、あっという間に完成します。

◎**材料（2人分）**

粒こしょう…8〜10粒
レモンの皮…½個分
ほうれん草…5〜6株（150g）
生クリーム…大さじ3
パルメザンチーズ…大さじ2
バター…20g
にんにく…ひとかけ
パスタ…160g
塩…適量

◎**作り方**

1 すり鉢で粒こしょうをすりつぶす。

2 レモンの皮は粗みじんにしてすり鉢に加え、すりつぶす（a）。

3 ほうれん草はやわらかい葉の部分だけをとって洗っておく。

MEMO 茎は味噌汁やサラダなどに。

4 湯を沸かし、沸騰したら水1ℓに対して塩大さじ1（分量外）を入れて、ほうれん草をゆでる。ほうれん草がやわらかくなったらとり出し、水気を絞らずにそのまますり鉢に加える。

5 同じ湯でパスタをゆでる。

6 パスタをゆでている間に、4のすり鉢でほうれん草を形が残るぐらい粗めにすり（b）、生クリーム、パルメザンチーズを加え、混ぜる。

7 小鍋にバターとにんにく（包丁の腹でつぶしておく）を入れ、弱めの中火でゆっくり火を通す。バターの色が茶色になる手前でにんにくと溶けたバターをすり鉢に加える。塩で味を調える。

8 かためにゆでたパスタをザルにあげ、すり鉢に加えてあえる。

MEMO ソースがもったりするようだったらパスタのゆで汁を加えながらあえる。

レモンの皮をすりこぎでたたきながらすりつぶし、果皮の香りを出す。

ほうれん草は、ゆで汁を絞らずにすり鉢に加えてすする。こうするとパスタにからみやすい。

お揚げ南蛮つけうどん

すり鉢でごまやしょうがをすり、
だし汁を加えて作るうどんのつけ汁です。
すり鉢のまま食卓に出して、
うどんをつけながらいただくと、
すりたての香りが楽しめます。
主役はお揚げと香ばしく焼いた
長ねぎ（南蛮）。レモン、青海苔の
さわやかな香りも名脇役です。

◎材料（1人分）

長ねぎ…15㎝分
太白ごま油…小さじ1
だし汁…1カップ
しめじ…少々
油揚げ…½枚

A
- 薄口しょうゆ…大さじ2
- みりん…大さじ1と½
- 日本酒…大さじ½
- 塩…少々

白ごま…大さじ1
しょうが…半かけ

B
- レモンの輪切り…1枚
- 揚げ玉…大さじ1
- 青海苔（またはちぎった海苔）…小さじ½

うどん…150g

◎作り方

1 鍋に太白ごま油を熱し、3㎝輪切りにした長ねぎを並べる。ときどき裏返しながら、中火でこんがり焼き目をつける。

2 1にだし汁、油揚げ（短冊切り）、しめじ、Aを入れて沸騰させる。

3 すり鉢で白ごまを半ずりする（a）。しょうがを加え、すりこぎでたたいてすりつぶす。

4 Bを加える。

5 うどんをゆでる。ゆで上がったらザルにとって冷水で洗い、盛りつける。

6 4のすり鉢に2の熱々の汁を入れ、うどんをつけながらいただく。

MEMO 2人以上の量を作る際は、あれば人数分のすり鉢を用意してそれぞれにつけ汁を作り、そのまま器としていただくと便利。

白ごまは半ずりに。粒が残っていたほうが、つけ汁の見た目や食感がよくなる。

冷やし担々つけ麺

担々麺といえば
練りごまを使うのが一般的ですが、
ここではすり鉢で
ごまをすって作ります。
つけ汁も麺もしっかり冷やして、
暑い季節にどうぞ。

◎**材料（1人分）**

白ごま…大さじ2
しょうが…半かけ
にんにく…少々

A
- しょうゆ、みりん…各大さじ2
- 酢…小さじ1
- ラー油、ごま油…各小さじ$\frac{1}{2}$
- だし汁（冷ましておく）…100mℓ

中華麺…1玉
薬味（細ねぎ、大葉、みょうがなど）…適宜

◎**作り方**

1 すり鉢で白ごまを粗ずりする。しょうがとにんにくを加え、すりこぎでたたきながら、すりつぶす。

2 Aを加えてよく混ぜる。

3 中華麺をゆでる。ゆで上がったらザルにとって冷水で洗い、盛りつける。好みの薬味を入れた汁に、麺をつけながらいただく。

とろろつけそば

すり鉢で長いもをすりおろし、とろりとしたつけ汁を作ります。薬味をいっぱいのせて、冷たいそばをつけながらどうぞ。

◎**材料（1人分）**
長いも…60〜70g
だし汁（冷ましておく）…½カップ
しょうゆ、みりん
…各大さじ1と小さじ1
そば…150g
薬味（青海苔、細ねぎ、大葉、梅干し、白ごまなど）…適宜

◎**作り方**
1 長いもは皮をむき、すり鉢ですりおろす（すりおろしにくければ、おろし金ですりおろす）。
2 だし汁を加えながら、すりこぎですりながら混ぜる。
3 しょうゆとみりんを入れる。
4 そばをゆでる。ゆで上がったらザルにとって冷水で洗い、盛りつける。好みの薬味を添え、麺をつけながらいただく。

エスニック冷やしそうめん

ピーナッツやレモン、しょうが、
にんにくなどのアジアの香りをきかせた、
エスニック風のそうめん。
トッピングにも パクチーなどの
個性ある薬味野菜を使って、
清涼感あふれる香りを楽しみましょう。

◎**材料（1人分）**

そうめん…80g

［タレ］

レモンの皮…1/4個分

唐辛子…1〜2cm

しょうが…半かけ

ピーナッツ…10個

A
- 薄口しょうゆ…大さじ2
- 砂糖…大さじ1
- レモン汁…大さじ1と1/2
- マスタード…小さじ1/2

太白ごま油（またはサラダ油）…大さじ1/2

にんにく（スライス）…2枚

［トッピング］

トマト…1/4個

もやし…1/2袋

好みの野菜（玉ねぎ、細ねぎ、大葉、みょうが、パクチー、きゅうりなど）…適量

◎**作り方**

1 タレを作る。レモンは皮を粗みじんにする。唐辛子とともにすり鉢に入れてする（a）。

2 しょうがを粗みじんに切って加え、すりこぎでたたきつぶしながらする。ピーナッツを加え、粗く砕く（b）。

3 Aを加えて混ぜる。

4 小鍋に太白ごま油とにんにくを入れ、弱めの中火にかける。にんにくに火が通り始めたら弱火にする。こんがりと薄茶色になったら小鍋の中身を3に加える（c）。

5 トッピングを用意する。トマトは薄切り、パクチーはざく切りにする。そのほかの生野菜は千切りにし、15分ほど水につける。もやしはさっとゆで（ゆで汁は捨てずにとっておく）、冷水にとる。トマト以外の野菜はペーパータオルなどで水分をとる。

6 もやしのゆで汁で、そうめんをゆでる。冷水にとり、ぎゅっと絞って器に盛る。

7 タレを器の端からまわし入れる。

8 そうめんの上にトマトともやし、そのほかの生野菜の順に盛りつける。

レモンの皮と唐辛子を一緒にする。乾燥唐辛子の場合は、熱湯につけてやわらかく戻してから使う。

ピーナッツは粒の食感が残るくらいに粗めに砕く。

こんがりと色づいたにんにくと、熱々のごま油をジューッと加え、タレが完成。

MEMO 味噌は甘めと辛めを合わせるとおいしい。

辛味噌ごまラーメン

スープはすり鉢で調味料をすり合わせてから、鍋でだし汁を加えて仕上げます。トッピングは白ごまと黒ごま両方をすって、見た目にもおいしく。

◎材料（1人分）

中華麺…1玉
にんにく、しょうが…各半かけ
長ねぎ…2〜3㎝
A［コチュジャン…小さじ1
しょうゆ、砂糖、日本酒…各小さじ½
ごま油…大さじ1と小さじ1
だし汁…400㎖
味噌…大さじ2前後
白ごま、黒ごま…各大さじ½
仕上げ用ごま油…小さじ½
［トッピング］
小松菜、わかめ、海苔など…適宜

◎作り方

1 にんにくとしょうがは粗みじんに切ってからすり鉢に入れ、すりこぎですりつぶす。

2 長ねぎは粗みじんに切る。**A**とともに、すり鉢に加えて混ぜる。

3 鍋にごま油を熱し、**2**を中火で炒める（空いたすり鉢はそのままとっておく）。1〜2分炒めたら、だし汁を入れて沸騰させる。味噌を加えて味つけし、仕上げ用ごま油をたらす。

4 **2**で使ったすり鉢に、白ごまと黒ごまを入れ、粗ずりする。

5 トッピングを用意する。小松菜などの葉物をゆで（ゆで汁は捨てずにとっておく）、冷水にとる。

6 葉物のゆで汁で中華麺をゆで、ザルにとる。器に入れ、**3**のスープをかける。

7 **4**のごまをふりかけ、トッピングをのせる。

4章

すり鉢で作る甘いもの

ナッツやドライフルーツなどの材料が
すり鉢で細かく砕かれ、甘いおやつに大変身。
火を使わずに、すり鉢で
混ぜるだけのお手軽スイーツも。

ピーナッツ&チョコチップクッキー

すり鉢ひとつで作るクッキーです。
すり鉢がボウルの役目をしてくれるので
あとかたづけも簡単。
アーモンドやクルミなど、
別のナッツを使ってもおいしく作れます。
お子さんと一緒に作るのも楽しいですね。

◎材料（12枚分）

ピーナッツ…55g

A
- チョコチップ…30g
- 薄力粉、コーンスターチ…各50g
- 砂糖…35g
- 塩…少々
- ベーキングパウダー…小さじ¼

太白ごま油（またはサラダ油）…大さじ4

牛乳…大さじ3

◎作り方

1 すり鉢でピーナッツを粗く砕く。

2 Aを加え、スプーンでよく混ぜる。

3 太白ごま油を加え、全体がポロポロの状態になるまで混ぜる。

4 牛乳を加えて混ぜる（a）。

5 12等分し、手で丸めてから平らにつぶし（b）、クッキングシートにのせる。さらに押し広げて、直径6.5㎝、厚さ5㎜程度の円形にする（c）。

6 200℃に予熱したオーブンで13分焼く。

MEMO オーブンによって焼き時間の調整を。うっすら茶色に色づけば完成。

季節や材料によって生地のまとまり具合が違う。かたさは牛乳を少しずつ加えながら適宜調整を。

一度、球形に丸めてから、手のひらでぎゅっと押しつぶして平らにする。

指先で押し広げるようにして薄い円形にする。

MEMO 型のままスプーンでいただくか、型からはずしても。好みで黒みつをかけてもおいしい。

黒ごまのブランマンジェ

すり鉢で黒ごまをすって作る、黒ごまの香りたっぷりの冷菓。寒天の量を最小限にしてやわらかさを出しました。

◎材料（2人分）

黒ごま…大さじ2と½
牛乳…200mℓ
A
- 砂糖…25g
- 寒天パウダー…2g（小さじ½）

生クリーム…50mℓ
片栗粉…小さじ1

◎作り方

1 すり鉢で黒ごまを全ずりする。ごまがしっとりするまでよくすったら、牛乳を加えて混ぜる。
2 Aを加えて混ぜる。
3 鍋に入れて火にかけ、煮立ったらかき混ぜながら弱火で1分煮る。生クリームを加えて混ぜる。
4 水溶き片栗粉（水小さじ2で溶く）を加え、とろみがついたら容器に入れる。
5 粗熱がとれたらラップをして、冷蔵庫で1〜2時間冷やしかためる。

MEMO 蓋つきの密閉容器に入れ、約1カ月冷凍保存可能。

抹茶のトリュフ

火を使わずに作る
やわらかい和スイーツです。
マカデミアナッツをできるだけ
細かく砕いて舌ざわりよく。

◎材料（6個分）

マカデミアナッツ（有塩）…45g
白ごま…大さじ1
アガベシロップ（またはメープルシロップ）、太白ごま油…各大さじ2
抹茶…小さじ1
麩…12g
粉糖…適量

◎作り方

1 すり鉢でナッツを粗くきざみ、粒が残らないぐらいにできるだけ細かくつぶす。
2 ナッツをすり鉢のサイドに寄せ、空いたスペースで白ごまを全ずりする。
3 アガベシロップ、太白ごま油、抹茶を加え、さらにする。
4 麩をすり目でおろし（またはおろし金でする）、すりこぎで全体をすりながら混ぜる。
5 6等分して丸め、粉糖をまぶす。

アガベシロップは、アガベ（リュウゼツラン）と呼ばれる砂漠地帯に育つ植物から抽出される甘味料。クセのない甘さ。

ドライフルーツ&ナッツのアイスケーキ

イタリアの冷菓「カッサータ」を
アレンジしました。
すり鉢で材料をつぶし、
泡立てた生クリームと混ぜて
冷凍庫で凍らせるだけでき上がり。

◎**材料(10×20㎝のパウンドケーキ型1個分)**

ドライフルーツ(アプリコット、チェリー、レーズンなど)…1/2カップ
ミックスナッツ(無塩)…1/2カップ
生クリーム…1カップ
砂糖…30g
チョコレート…20g

◎**作り方**

1 ドライフルーツを小指大に刻み、蓋つき容器に入れる。ひたひたの水を加え、数時間からひと晩おく(a)。

2 やわらかくなったドライフルーツをすり鉢で粗くつぶす(b)。ナッツを加えて粗くつぶす(c)。

3 ボウルで生クリームを八分立て(やわらかいツノが立つぐらい)にする。途中で砂糖を2回に分けて入れる。

4 3に2と細かく刻んだチョコレートを入れてさっくり混ぜる。

5 パウンドケーキ型にクッキングシート(または食品用ラップ)を敷き、4を流し入れる。表面を平らにしてラップで覆い、密閉できる袋に入れて冷凍庫でひと晩凍らせる。

6 食べるときに包丁でカットする(2.5㎝厚さで8等分が目安)。

ドライフルーツは数時間からひと晩、水につけてやわらかくすると口当たりのよい仕上がりに。

やわらかくなったドライフルーツは、形が残るくらいに粗くつぶす。

ナッツは食感が残るように粗くつぶす。

ソフトチョコレート・ファッジ

ファッジとはソフトキャンディのこと。
もとはイギリスのお菓子です。
コーヒーやココナッツフレークを使って
濃厚な味に仕上げます。
レモンの皮の代わりに
オレンジの皮を使っても。

MEMO　クルミ、アーモンド、カシューナッツ、マカデミアナッツ、ヘーゼルナッツなどの中から2～3種類以上のナッツを使う。

◎材料（2㎝角18個分）

パン粉…½カップ
ミックスナッツ（無塩）…½カップ（40g）
レモンの皮…1個分

A
牛乳…½カップ
薄力粉…大さじ2
ココアパウダー…大さじ3
砂糖…大さじ4
コーヒーの粉（豆を挽いた粉）…小さじ1
ココナッツフレーク（ファイン）…大さじ2

ココアパウダー…適量（仕上げ用）
コーヒーリキュール（カルーア）…小さじ2（好みで）

◎作り方

1 すり鉢でパン粉を粉々にする。

2 ナッツを加え、粗くつぶす。レモンの皮をおろし金ですりおろして加える。

3 鍋にAを入れ、泡立て器で粉類が溶けるまでよく混ぜてから、中火にかける。

4 とろみがつきだしたら弱火にして、かき混ぜながら2分煮る（a）。

5 火を止めて、好みでコーヒーリキュールを加える。2のすり鉢に加えてスプーンでよく混ぜる（b）。

6 四角い容器（写真は7.5×11.5㎝の容器）にクッキングシート（または食品用ラップ）を敷き、生地を入れる（c）。表面を食品用ラップで覆い、冷蔵庫で1～2時間冷やす。

7 かたまったら取り出し、2㎝角に切り分けてココアパウダーをまぶす。

焦げやすいので、弱火にしたら常にかき混ぜること。

弾力があるのでスプーンのほうが混ぜやすい。

生地をスプーンで押しつけ、平らにならす。

ココナッツフレークは、ココナッツの実をフレーク状に挽いた製菓材料。「ファイン」は粗挽きのもの。

フルーツグラノーラ

朝、時間がないときにも簡単に作れておすすめです。夏は凍ったフルーツをすり鉢でつぶして、ひんやり感を楽しんでください。

◎材料（1人分）
フルーツ2〜3種
…1と½カップ分
プレーンヨーグルト
…大さじ3〜4
メープルシロップ…適宜
グラノーラ…ふたつかみ

MEMO イチゴ、ベリー類、バナナ、マンゴー、キウイなど、季節のフルーツを。冷凍したベリー類や小さく刻んだフルーツは、解凍せずにそのまま使える。

◎作り方
1 すり鉢にフルーツを入れ、すりこぎで粗くつぶす（a）。
2 ヨーグルトを加えて混ぜる。
3 味をみて、甘さがたりないようなら、好みでメープルシロップを加える。
4 グラノーラをトッピングにのせる。

果汁が出るくらいに粗くつぶす。フルーツの形は残っていてOK。

黒蜜スパイスチャイ

すり鉢でスパイスをすりつぶして作るインドのミルクティーです。

◎材料（2人分）

A
- カルダモン（外皮はとり除く）…3個
- クローブ…1粒
- 黒こしょう…2粒

しょうが…ひとかけ
シナモンスティック…1本
紅茶葉（アッサム）…大さじ1
水、牛乳…各200ml
黒蜜…大さじ1前後
（好みで甘さを調節）

◎作り方

1 すり鉢にAを入れ、すりこぎで細かくすりつぶす。
2 しょうがを加えてつぶす。
3 シナモンスティックを加え、たたきながら粗くつぶす。
4 水をすり鉢に加え、すり鉢を洗うようにしながら中身を鍋に移す。
5 紅茶葉を加えて強火にかける。沸騰したら弱火にして、3分煮る。
6 牛乳を加えて強火にし、吹きこぼれないように注意しながら沸騰させる。沸騰したら弱火にして、3分煮る。
7 再び沸騰させて火を止め(a)、黒蜜を加える。
8 茶こしでこしながらカップに注ぐ。

沸騰→弱火を3回繰り返すのが本場インド流。スパイスの香りがより引き出される。

すり鉢の作り手を訪ねて

「山只華陶苑《やまただかとうえん》」七代目の加藤智也《ともなり》さんとの出会いは、今から思えば必然的だったような気がします。

私が運営する、食とキッチン道具のプロデュースと販売を行う「studio482+」というサイト内でネットショップを開設することになり、是が非でもすり鉢を扱いたいという思いがありました。

それは、料理の仕事を続けているなかで、すり鉢がいつかキッチンから姿を消してしまうのではないか、という危機感があったからです。素晴らしい日本の道具であるすり鉢を広めたい。ずっと使ってもらいたい。ずっとそう思っていましたから、腰を据えてすり鉢を探すのには絶好の機会でした。

曲線が美しく交じり合う「波紋櫛目《はもんくしめ》」。利き手に関係なくだれにでもすりやすい。

ネットショップを開設する一年ほど前のこと。探し始めてまもなく、加藤智也さんのすり鉢が目にとまりました。それは優れたデザインに授与されるグッドデザイン賞にも選ばれた「JUJU mortier」という作品でした。ある店に置かれていた彼の作品は凛としていて曲線が美しく、すり目も江戸文様のようで、一般的なすり鉢とはまったく違っていました。

すぐに購入してごまをすったところ、その機能性にびっくり。ふわっとごまの香りが立ち、あっという間にすりごまになりました。まるで魔法のようでした。

その日からすり鉢に対する見方が一変しました。重たくてかさばる、ごますりにしか使えない道具ではなくなりました。すり鉢を使えば使うほど、新しいレシピが思い浮かび、料理の幅が広がっていったのです。すり鉢ひとつでいろいろな料理が作れるので、何よりあとかたづけがラクで、精神的な負担も減りました。

加藤さんのすり鉢は、今では私が料理を作るときには欠かせないアイテムとなりました。一緒に働いてくれるよき相棒です。

「作り手」が心を込めて製作した道具に敬意を払うことは「使い手」の礼儀。ですから加藤さんのすり鉢を使うときはいつも、このすり鉢に見合う料理を作ろう、と思うのです。

人と道具が共に仕事をする。このことを加藤さんのすり鉢は教えてくれました。

山只華陶苑
加藤智也 さん
岐阜県多治見市高田の地で、寛政6年(1794年)の創業から代々、すり鉢を製作してきた藤兵衛窯山只華陶苑の七代目。

すり鉢ができるまで

一点一点、熟練した職人の手で手作りされるすり鉢。
原料の土からすり鉢ができ上がるまでの工程を紹介します。

① 土練り

青土《あおと》という窯元近くの採掘場で採れる土が、すり鉢の主原料。青みがかったネズミ色の土の不純物を除いて練り、粘土状にする。

② 成型

石膏の型に粘った土をはめ、すり鉢の土台を作る。型を使わずろくろを回して成形するものもある。

③ 目立て

一器ずつ手作業ですり目を入れる。金属の先が櫛状になった櫛目《くしめ》という道具を使い、熟練した手さばきで美しいすり目が完成。

④ 乾燥

ひと晩以上かけてゆっくりと生地の水気を飛ばす。季節やその日の気温・湿度によって乾燥方法や時間を調整する。

⑤ 中塗り

すり鉢の内側にベンガラと長石《ちょうせき》を混ぜた釉薬を塗る。丈夫なすり目を作るために欠かせないひと手間。

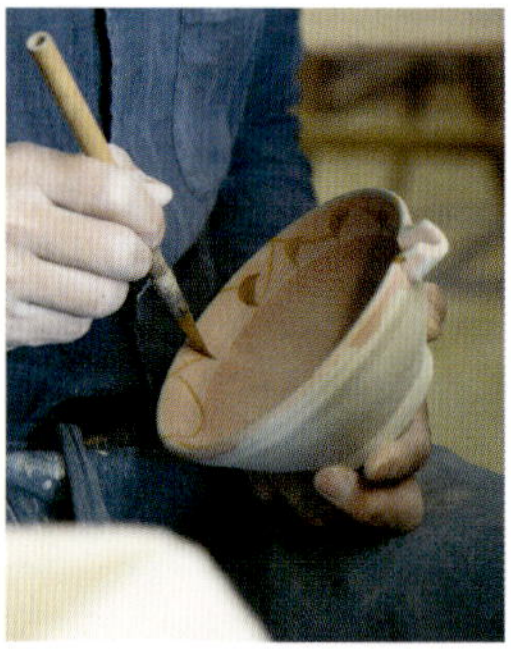

⑥ 絵付け

柄を入れる場合は、この段階で絵付けをする。入れない場合はそのまま釉がけのステップへ。

⑦ 釉がけ

外側に釉薬をかける。釉薬は焼き上げたときにどんな色になるかを予測して、さまざまな種類を調合。

⑧ 焼成

1270℃のガス窯で27時間ほど連続して焼き上げる。焼成中は空気の量や温度など、職人の経験と勘による緻密な管理が必要。

9年の歳月をかけて開発した波紋櫛目の目立ては、開発者である七代目の加藤さん自らすべてを手がけている。

すり鉢Q&A

すり鉢の選び方は？

昔はすり鉢といえば、1尺(直径約30㎝)ほどの大ぶりのものが定番でしたが、最近は大小さまざまなすり鉢が登場しています。一般家庭で使うなら5〜6寸(直径約15〜18㎝)の小ぶりのものから、大きくても7〜8寸(直径約21〜24㎝)程度のものがおすすめ。家族の人数やキッチンの大きさなど、ライフスタイルに合わせて選びましょう。

迷ったときは、大きいほうを選ぶことをおすすめします。本書で紹介しているレシピのように、すり鉢ではまず調味料をまぜ、具材をあとからたしてあえるといった使い方も多く、小さいものより大きいすり鉢のほうが活用の幅が広がるからです。

小ぶりのすり鉢は小鉢代わりに、大きめのすり鉢は人が集まる日のサラダボウルやパスタ皿としてなど、用途に合わせていくつかそろえておくのもいいですね。薬味用の小さなすり鉢、片口、リムつきの洋風のもの、絵付けが施されたもの……など、最近のすり鉢は本当にバラエティ豊か。ぜひお気に入りを探してみてください。

すりこぎの選び方は？

すりこぎは、すり鉢の大きさに合わせて選びます。7寸以上のすり鉢には長さ25㎝・直径3.5㎝以上の大きいすりこぎを、5〜6寸のすり鉢には長さ20㎝・直径3㎝程度、それより小さいすり鉢には長さ16㎝・直径2.5㎝程度の小さいすりこぎが使いやすいでしょう。

材料には本来、薬効や香りのある本山椒の木が用いられてきましたが、現在はさまざまな材質のものが出ています。できれば実際の持ち心地を確かめながら、自分の手になじむものを選ぶのが一番です。

すり鉢がすべってしまうときは?

すり鉢の下に濡れぶきんを敷くと、すべりにくくなります。ガタつきのない安定した台の上で作業しましょう。

すり鉢の目に食材が詰まったときは?

大抵の食材はゴムベラで寄せるだけできれいにとれますが、細かい食材が溝に残ったときは、ステンレスブラシや竹製の薬味寄せなど、専用の道具を使って掻き出すとささっと気持ちよくとれます。お助け道具として、すり鉢とセットでそろえておくのもいいでしょう。爪楊枝《つまようじ》8〜10本を輪ゴムで束ねたものでも代用できます。

すり鉢のにおいや色が気になるときは?

すり鉢のすり目の色や材質によっては、色素の濃い食材の色がついてとれにくいことも。とくにスパイスのターメリックは色がつきやすいので、気になる場合は、すり鉢には加えず鍋や皿に直接入れる等、調理順をアレンジしましょう。

また、ついたにおいが気になるときは、すり鉢に重曹大さじ1〜2と熱湯を入れ、熱湯が冷めるまでつけ置きする方法を試してください。

山只華陶苑・加藤智也さん直伝!

炊いたごはんを少量丸めて小さいおむすびを作り、すり鉢の底を転がすようにすると溝がきれいに。お掃除のあとは、そのままお口へパクッ。

洗うときは?

すり目の溝の奥の汚れをしっかり落とすためには、たわしがおすすめ。昔ながらの棕櫚《しゅろ》のたわしは天然繊維で適度なかたさがあり、すり鉢を洗うのにもぴったりです。

おわりに

母は料理が好きでした。

私は台所で母が料理をするのを毎日眺めて育ちました。仕事の音を聞き、おいしそうな香りを嗅ぎながら、その傍《かたわ》らで私はいつも絵を描いたり、宿題をしていました。食材がどんどん料理に生まれ変わる様子が面白く、せわしなく働く母の姿をいつもじっと見ていました。静かで心地よい時間でした。


釜のお米が「ごはん」に変わっていく音と香り。まな板の上で食材たちが形を変えていくときの包丁の音。フライパンのなかでジュッと音を立て、焦げたしょうゆの匂いが立ちこめて、おいしい料理になる瞬間。

そして何よりも心が落ち着いたのは、母がすり鉢で山いもをする音でした。

まるでリズムをとっているかのような一定の音が続くと、すり鉢のなかでとろろがふんわりと盛り上がっています。だし汁を注いでいくと少し音が軽やかになり、リズムも速くなります。さぁ、でき上がり。母は次の仕事にとりかかります。


「急がば回せ」

すり鉢のそんな声が聞こえてきそうです。

すり鉢は時間がかかって面倒な道具だと思うでしょう。ところが一度使いだすと、もう電動の道具には戻れなくなるほどの魅力があるのです。電動の道具でどんなに早く作業できたとしても、すり鉢で作ったときの香ばしいおいしさには到底及びません。

そしてすり鉢はたくさんの仕事をしてくれます。する、たたく、つぶす、おろす、あえる、そして器として……。それだけで大らかな気持ちになります。リズミカルでアロマティックな時間です。

すり鉢ひとつが包丁、ブレンダー、おろし金、ボウルなどの役割を担ってくれるので、あとかたづけもスムーズ。まるで心が整理整頓されたようにすっきりします。

「森のイスキア」の主宰者・佐藤初女さんはかつて、あるインタビューのなかでこんなコメントを残しています。

「今の人はすり鉢でするなんてめんどうだって思うかしらね。でもこうやって丁寧にすれば、クルミの命やすりこぎの木の命がそのままおいしさになって、人を元気づけてくれるような気がするでしょう」

（清水典子著『私的に素敵』より）

すり鉢を使い始めると、それに夢中になってしまいます。まるで、おままごとをしているように楽しくなります。

すり鉢でごまをすり、その音を聞き、香りを嗅ぐだけで落ち着きます。ずっとすっていたいという気持ちになり、心が静まっていきます。

佐藤初女さんの言葉のように、食材の命や道具の命が、料理する人に、そして食べる人に宿り、元気になっていく気がします。

台所は小宇宙。

私は台所に立つたびにそう思います。ただ家事をする場所ではなく、そのなかで自分がどう動くか。食材や道具をどう生かすか。どれだけ愉しめるか……。台所は右脳も左脳も使う場所なのです。毎日の小さな積み重ねで感性や心が磨かれていきます。そして、それは食べる人にも必ず伝わります。

台所に立って、さまざまな音や香りを出してみてください。台所の音を聞いてみてください。私の子ども時代がそうであったように、それは自分だけではなく周りの人にも安心感と平安を与えてくれるはずです。台所はいわば家の「心臓」なのですから。